L'HISTOIRE

DU

POVERELLO D'ASSISE

RACONTÉE A LA JEUNESSE

Illustrée de nombreuses gravures

Traduction de l'italien par **PH. MAZOYER**

P. Lethielleux, Éditeur

L'Histoire

du

Poverello d'Assise

RACONTÉE A LA JEUNESSE

L'Histoire du Poverello d'Assise

RACONTÉE A LA JEUNESSE

TRADUCTION DE L'ITALIEN

par Ph. MAZOYER

PARIS (VIᵉ)

P. LETHIELLEUX, LIBRAIRE-ÉDITEUR

10, RUE CASSETTE, 10

Sacro Spaco (Grotte sacrée). — Saint François (xiiie siècle).

A mes petits Amis.

A vous aussi, mes petits Amis, je veux parler de mon cher saint François..., disons mieux, de notre cher saint François, parce que je sais que vous l'aimez bien et que lui, de son côté, voulait votre bonheur.

Vous connaissez — n'est-il pas vrai? — le gracieux épisode que nous raconte l'Évangile quand il nous montre le divin Sauveur, entouré d'une foule d'enfants. Ils veulent qu'il les bénisse. Les uns s'accrochent à sa tunique; les autres sollicitent ses caresses ; tous se pressent autour de lui comme autant de petits amis qui se savent les privilégiés de Jésus. Et, parce que leur gazouillis empêchait le Maître de prêcher, les Apôtres voulaient écarter ces enfants. C'est alors que le Sauveur s'écria : « Laissez les petits enfants venir à moi. »

En toutes choses, saint François imitait Jésus : il a donc aimé les enfants. Ses biographes, c'est-à-dire ceux qui ont écrit sa vie (Thomas de Celano, les Trois Compagnons, saint Bonaventure) ne nous parlent point spécialement de sa prédilection pour les petits ; mais nous pouvons bien croire qu'il leur donnait toute sa sympathie ; son cœur fait de bonté et de tendresse le portait à aimer tout ce qui est petit, faible, humble et innocent.

Enfant, il se plaisait à jouer avec ceux de son âge ; plus tard, lorsqu'il fut religieux, fondateur d'un Ordre monastique, lorsqu'il fut devenu un apôtre, un saint, un thaumaturge, il n'oublia point les enfants et, en leur faveur, il accomplit plus d'un miracle. Il voulait chez ses frères la simplicité, l'ingénuité des enfants qu'il leur donnait comme modèles.

Dans les « Fioretti », ce livre charmant que toute la jeunesse devrait connaître et que, bien souvent, j'aurai l'occasion de citer, on raconte un fait où l'on voit de quelle vénération, à leur tour, les enfants entouraient leur Père afin d'obtenir sa protection. Lisons cette page en lui conservant la franchise et la simplicité de son style :

« Un certain enfant, orné d'une pureté de colombe et d'une innocence

angélique, et qui avait été admis dans l'Ordre du vivant de saint François, demeurait dans un certain petit couvent où les frères, n'ayant point de cellules, dormaient sur des lits de camp en plein air. Et comme saint François était venu dans ce couvent, et comme le soir, après la récitation des Complies, il était aller se coucher avant tous les autres, afin de pouvoir ensuite se relever, la nuit, pendant que les autres dormiraient, ce jeune garçon résolut dans son cœur d'observer avec soin où le saint allait ainsi chaque nuit et ce qu'il faisait après s'être levé. Et, par crainte que le sommeil ne l'empêchât d'accomplir sa résolution il installa sa couche tout contre celle de saint François, et noua la corde de sa ceinture à celle du saint, afin de pouvoir sentir le mouvement de celui-ci quand il se relèverait, et de telle manière que saint François ne s'aperçût de rien. Or lorsque tous furent profondément endormis, saint François se releva ; et, se ntant que sa corde était retenue, il la détacha de celle de l'enfant avec tant de précaution que le petit frère ne s'en rendit aucun compte ; et puis il se dirigea vers une certaine colline proche du couvent, où il y avait un très beau bois, et où il voulait prier dans la solitude. Mais l'enfant s'étant réveillé et ayant trouvé la corde du saint détachée de la sienne, se releva aussitôt afin d'épier le saint Père comme il se l'était proposé. Et lorsqu'il eut trouvé ouverte la porte par laquelle on entrait dans le bois, ce jeune garçon comprenant que le saint devait avoir passé par là, se hâta de pénétrer à son tour dans le bois et parvint jusqu'au sommet de ladite colline, où saint François s'était installé pour prier. Et voici que l'enfant, se tenant un peu à distance, commença à entendre un grand bruit de voix ; et s'étant rapproché pour entendre plus nettement ce qu'on disait, voici qu'il vit une lumière merveilleuse qui entourait saint François de tous côtés, et dans cette lumière il découvrit le Christ et la Bienheureuse Vierge Marie, et les Bienheureux Jean-Baptiste et Jean l'évangéliste, avec une très grande multitude d'anges, occupés à s'entretenir avec saint François. Et en découvrant tout cela et en entendant cet entretien, le jeune garçon tout tremblant fut saisi d'extase et s'abattit, comme mort, sur ce chemin par où le saint devait repasser. Or, saint François, après avoir achevé un entretien si merveilleux, s'en retournait vers le couvent. Et, en passant, comme la nuit était encore très profonde, il toucha du pied le susdit enfant, étendu sur le sentier comme un cadavre. Et le saint pasteur eut pitié de l'enfant et, le soulevant dans ses bras avec tendresse, comme un bon pasteur soulève le petit agneau qui lui appartient, il le reporta sur sa couche. Et puis, ayant appris de lui, plus tard, la susdite vision qu'il avait contemplée, il lui enjoignit de n'en faire mention à personne *aussi longtemps que lui-même saint François serait en vie. Et cet enfant tint la chose secrète; et il grandit en grâce de Dieu et en dévotion pour saint François. Et il finit saintement sa vie, comme l'un des meilleurs, parmi les membres de l'Ordre. Et c'est lui-même qui, après la mort de saint François, a révélé toutes les choses susdites. A la louange de Notre-Seigneur Jésus-Christ (1).* ›

Que nous montre ce gracieux récit? L'amour des enfants pour notre saint et la douce charité du saint pour les petits.

Donc, chers petits Amis, vous devez, vous aussi, aimer ce grand saint. Et pour l'aimer, il faut que vous connaissiez sa vie, ses vertus, l'idéal qu'il a voulu réaliser. Et voilà pourquoi deux peintres, mes amis, ont illustré ce volume en mettant sous vos yeux, avec les principaux épisodes racontés dans ces pages, quelques vues des lieux rendus célèbres par la présence du saint.

Lisez ce volume qui vous est dédié! Il vous instruira, il vous récréera, il vous rendra meilleurs; et, alors vous serez plus heureux de vivre en même temps que vous ferez le bonheur de vos parents.

Que saint François vous bénisse comme je vous bénis moi-même.

P. Vittorino Facchinetti.

Milan, 1ᵉʳ avril 1920.

(1) *Traduction de T. de Wyzewa :* Les petites fleurs de saint François d'Assise (*Librairie Académique, Perrin et Cⁱᵉ, Paris*).

Panorama d'Assise. — Le couvent.

L'HISTOIRE
DU POVERELLO D'ASSISE

RACONTÉE A LA JEUNESSE

I

LA JEUNESSE DE FRANÇOIS

Par la pensée et par le cœur transportons-nous, mes petits amis, à Assise, la gracieuse cité moyenâgeuse qui eut le bonheur et l'honneur de donner naissance à François et de devenir ainsi le berceau de notre cher saint, le séraphique Poverello.

La ville natale.

Regardez! Sur une douce pente d'une colline de la verdoyante Ombrie, au milieu d'un délicieux panorama, Assise s'élève telle une reine. Derrière elle, se dresse le mont Subasio avec la riche parure de ses prairies et de ses bois; à ses pieds s'étend une plaine fertile. Rien de plus pittoresque et de plus charmant que cette merveilleuse vallée de l'Ombrie qui, de Pérouse, l'ancienne capitale des Étrusques, se dirige vers Spolète, résidence de princes et de ducs très puissants, jadis, en cette contrée.

D'un côté, la chaîne des Apennins, dont les sommets blancs de neige se confondent, dans le lointain, avec l'azur du ciel, lui forme une ceinture; de l'autre, ce sont les collines qui longent le Tibre.

Cette région, dit Ozanam, le chantre des poètes franciscains en Italie, cette région possède les agrestes beautés des Alpes, les hautes cimes, les forêts, les abîmes où se précipitent les cascades grondantes, et en même temps un climat presque tiède qui ne permet point aux neiges de durer longtemps. La nature s'y montre aussi douce que majestueuse et n'inspire que l'admiration sans aucun sentiment de terreur, pendant que se fait sentir la puissance du Créateur; mais aussi, tout parle de sa bonté.

Des rivières, des ruisseaux limpides — comme le Tupino, le Chiaccio chantés par Dante (*Paradis*, ch. xi) et le fameux Clitumne vanté par Tibulle, Byron et Carducci — courent doucement parmi les peupliers et les cyprès, arrosent cette terre fortunée et lui assurent une végétation aussi féconde que variée.

Au milieu de ce paradis terrestre, Assise s'élève, dominant, du haut de sa colline, un panorama magnifique. C'est une des plus antiques cités de notre péninsule : dans l'histoire religieuse et politique de l'Italie, elle a joué un rôle glorieux, mais sa gloire la plus grande, la plus pure, sera d'avoir été la patrie du saint poète de la nature, du chantre mystique de la fraternité universelle, du patriarche séraphique.

Les parents du séraphique.

François naquit dans la poétique cité du Subasio, vers la fin de décembre 1182. Son père, un riche marchand, se nommait Pietro de Bernardone; sa mère Pica dei Bourlemont, d'origine française. Il n'eut point, comme tous les enfants, pour premier abri un berceau préparé d'avance par l'amour d'une mère, mais une pauvre étable voisine de la maison et il la partagea avec un bœuf et un âne, comme l'avait fait autrefois l'Enfant Jésus. La Providence le voulut ainsi, pour marquer, dès le début, le merveilleux parallélisme qui devait se poursuivre entre la vie entière du disciple et celle du divin Maître.

D'après la tradition, de même que Jésus avait eu son précurseur dans Jean-Baptiste, le prophète austère qui, vêtu d'un cilice fait de poils de chameau et se nourrissant de sauterelles et de miel sauvage, prêchait la pénitence sur les bords du Jourdain, après avoir embaumé du parfum de ses vertus les vents du désert; de même lorsque François vint au monde, on vit, on entendit un pèlerin étranger, un pauvre homme du peuple, qui parcourait les rues étroites et escarpées d'Assise, en criant d'une voix inspirée : « *Pax et bonum!* » « Paix et bien. »

Et l'on dit aussi qu'en cette nuit bénie où fut donné au monde ce petit enfant dont une inscription en caractères gothiques, lisibles aujourd'hui encore sur la porte de son étable, affirme qu'il devait être la splendeur du monde, — *mundi speculum*, — certaines pieuses personnes entendirent les esprits célestes chanter des hymnes de paix et de gloire, en

Lieu de naissance du Saint.

planant au-dessus de l'humble chapelle, perdue alors et abandonnée au milieu de la campagne et qui se nomme maintenant Sainte-Marie-des-Anges.

Le baptême de l'enfant.

Peu de jours après, comme tous les enfants qui naissent de parents chrétiens, le nouveau-né, richement paré, fut porté à l'église cathédrale San Ruffino, afin que l'eau baptismale versée sur son front y imprimât l'image du Christ. Or, tandis qu'on procédait à la cérémonie, un étranger d'aspect vénérable se présenta et demanda avec insistance qu'on lui permît de tenir l'enfant sur les fonts baptismaux. Jusqu'à la fin, il le tint entre ses bras ne cessant de le contempler avec de grands sentiments de joie. Puis il disparut en laissant l'empreinte de ses pas.

Et voici de nouveau la légende. A peine le pieux cortège était-il rentré à la maison et alors que l'enfant chrétien était encore entre les bras de sa nourrice, un autre pèlerin inconnu s'avança vers la mère, demandant en grâce à voir le néophyte. Cette faveur lui fut accordée et, nouveau Siméon, il salua en ce petit être régénéré par le baptême un enfant de Dieu, le pressa sur son cœur, l'embrassa avec ferveur et, traçant le signe de la croix sur son épaule droite, il s'écria d'un air de triomphe : « Veillez avec soin sur ce petit enfant! Il est destiné à de grandes choses; il deviendra l'un des plus parfaits parmi les serviteurs de Dieu en ce monde. » — Cela dit, ce messager céleste disparut.

Une fête de famille termina cet heureux jour; puis, tout rentra dans le calme.

Au baptême, l'enfant avait reçu le nom de Jean parce que sa mère, par une de ces intuitions profondément psychologiques dont, souvent, les mères sont favorisées, prévoyant peut-être qu'il serait le grand saint de l'amour, voulut qu'il s'appelât comme le disciple privilégié du Seigneur.

Le père, qui se trouvait alors en France pour ses affaires, apprit avec joie la naissance de son fils premier-né. A son retour, peut-être afin de rendre hommage à une nation qu'il visitait souvent pour réaliser des gains plus considérables, peut-être aussi par courtoisie pour sa femme qui était d'origine française, il changea le nom de Jean (Giovanni) en celui de Francesco (François), c'est-à-dire *français*. Et c'est le nom que notre grand saint a conservé dans l'histoire.

Mais avant de devenir grand, François commença par être petit, comme vous, mes chers amis, et il passa les plus belles années de son enfance à l'ombre du toit paternel, comme Jésus à Nazareth.

Le petit marchand.

Nous ne savons presque rien de l'enfance et de l'adolescence de François. Il grandit sous les yeux vigilants de sa pieuse mère, comme la fleur s'épanouit à la lumière et à la chaleur du soleil. Nous savons qu'il eut un frère nommé Angelo; et de ce frère nous ignorons même quand il vint tenir compagnie à François et si, après eux, leurs parents eurent d'autres enfants. Il est probable qu'Angelo s'étant marié dans la suite, François eut des neveux; mais, sur ce point, l'histoire ne nous dit rien.

En tous cas, il est certain que François fut toujours le benjamin de sa mère, et parce que, le premier, il était venu apporter la joie dans la maison, et parce que son caractère était doux, aimable, docile, et à cause des espérances et des promesses dont sa naissance avait été saluée.

Pica voulut le nourrir elle-même, le garder tout près de son cœur, l'entourant des soins les plus affectueux et le traitant avec une bonté telle que, dès ses premières années, l'enfant s'attacha à elle par les liens d'une profonde tendresse, et que, plus tard, on reconnaissait bien qu'il devait à sa mère tout ce qu'il y avait en lui d'aimable et de généreux.

Quand il eut un peu grandi, la bonne Pica le conduisit aux prêtres de l'église voisine — San Giorgio — et leur confia le soin de l'instruire dans la doctrine religieuse et dans la piété chrétienne qui sont le fondement de la vie sociale et le secret de la joie véritable. Nous ignorons à quel âge François eut le bonheur de recevoir, pour la première fois, dans son cœur, le Jésus de l'Eucharistie et quand il fut confirmé.

Nous savons très bien, au contraire, comment, auprès de ces bons prêtres, il apprit non seulement à connaître et à pratiquer les devoirs de sa foi, mais encore à lire et à écrire; comment, doué d'une intelligence pénétrante et d'une excellente mémoire, il apprit également le latin et le français. Grâce à l'aide de sa mère, la langue française lui devint familière, puisque plus tard, aux heures les plus solennelles de sa vie, il s'en servait pour exprimer en langage poétique la joie dont son cœur débordait.

Ame chevaleresque.

Il est certain qu'il aurait pu faire de grands progrès dans ses études et suivre avec succès une carrière littéraire ou artistique, à la condition

de compléter son instruction. Mais son père, qui préférait le commerce et
la comptabilité à l'étude de Virgile et de Boëce, le retira bientôt des
écoles pour l'associer à ses affaires. Probablement François dut l'accompagner dans ses voyages en Italie et à l'étranger, avec la joie et l'enthousiasme ordinaires aux enfants qui entreprennent de lointains
voyages.

Le père et le fils étaient tout entiers aux devoirs de leur profession,
mais dans un esprit bien différent. Bernardone était un homme dur, avare,
toujours préoccupé de gagner davantage. François avait des sentiments
plus nobles. Aimable envers tous, plein de compassion pour les pauvres,
généreux jusqu'à la prodigalité avec ses compagnons de jeux, il préférait
l'honneur et la gloire aux richesses et aux biens matériels.

L'histoire ne nous dit point qu'il ait, une seule fois, fait de la peine
à ses parents, qu'il leur ait jamais manqué d'obéissance et de respect ;
mais il est certain qu'il se laissa trop entraîner en des divertissements,
honnêtes d'ailleurs, prenant volontiers part aux cavalcades, aux « cours
d'amour et du gai savoir » à la mode à cette époque.

Élégant, se plaisant à la recherche dans ses vêtements, grand amateur
de chevaux et de chiens comme il avait été, dans sa première enfance,
grand amateur de jouets, il dépensait en festins et en carrousels tout
l'argent qu'il pouvait épargner où qu'il savait se faire donner par sa
mère ; le soir, il parcourait les rues de la ville, chantant de sa belle voix
des « sirventes » en s'accompagnant de la mandoline, et entouré d'une
foule d'amis. La courtoisie de ses manières, sa gaieté naturelle, sa générosité lui avaient gagné la sympathie de tous ses compagnons d'âge qui
saluaient en lui leur chef et leur capitaine, bien que plusieurs d'entre
eux appartinssent à des familles de l'aristocratie.

Seuls, ses parents ne pouvaient être satisfaits de cette conduite. Le
père, rentrant, s'indignait que le fils d'un simple marchand voulût vivre
comme le fils d'un prince ou d'un baron et qu'il gaspillât son argent. Il le
réprimandait, il le punissait, bien que, dans le fond de son cœur, sa
vanité ne vît point sans plaisir François admis parmi les nobles et faisant
bonne figure.

La mère laissait plus de liberté à son fils ; elle prenait sa défense,
adoucissait les punitions, calmait le courroux du père, et si quelques
amies s'étonnaient devant elle de la conduite de François, lui reprochant
de l'élever au-dessus de sa condition, elle se contentait de répondre d'un
ton presque prophétique : « Oh ! patience ! un jour viendra où il se
convertira au Seigneur ; je vois en lui une telle noblesse, une telle dignité
de caractère que j'ai très grande confiance dans l'avenir. »

Le jeune guerrier.

Tandis que François prenait des années, de graves événements politiques agitaient l'Italie. Or, il ne se contentait pas d'aimer les jeux et les fêtes : sa nature ardente le portait à des aventures plus belliqueuses. Combien de mes lecteurs, pour peu qu'on leur ait fait cadeau d'un cheval, d'un sabre de bois, d'un fusil sans explosifs, se sont regardés comme de vieux capitaines rêvant de conquérir le monde entier? Combien au récit des exploits accomplis par nos héroïques soldats, ont désiré courir à l'ennemi, se voyant déjà dans les tranchées, sur la ligne de feu, en face de l'ennemi, jaloux de se couvrir de gloire et de revenir avec la décoration réservée aux braves? Eh bien! de même qu'en ces années de la guerre mondiale, c'était, au temps de François, une époque de luttes, moins sanglantes sans doute, mais plus fréquentes.

Il n'avait pas encore dix-sept ans lorsque les habitants d'Assise se révoltèrent contre Conrad d'Irslingen qui, au nom de l'empereur allemand, les opprimait du haut de son repaire. Ils contraignirent la garnison à se rendre et détruisirent la forteresse. C'était là une explosion de la colère du peuple; elle eut les meilleurs résultats.

Historiquement, il n'est pas certain que le jeune François ait pris part à ce premier fait d'armes; mais la chose paraît fort probable, si l'on songe à sa nature chevaleresqne, à sa soif d'indépendance et de liberté, au noble idéal qu'il poursuivait. En tout cas, cet événement dut puissamment contribuer à exciter en lui son vif désir d'aventures.

Et le voici, l'arme au poing, vêtu en soldat, chevauchant quatre ans plus tard dans la lutte engagée par les habitants d'Assise contre la puissante Pérouse coupable d'aider les nobles à pressurer le peuple. En cette occasion, nous voyons François devenir vraiment le généreux chevalier des pauvres, des petits, des opprimés; pour défendre leur cause, il brave les dangers et tombe aux mains des ennemis.

Alors, parmi ses compagnons d'infortune, au fond de sa prison, il commence cet apostolat de la joie sereine qu'il continuera plus tard avec d'autres intentions, en vue d'un idéal meilleur, et qui restera l'un des plus beaux caractères de son esprit. Par son amabilité, par sa charité, mais surtout par le rayonnement de sa propre joie, il sut, en particulier, ramener au calme un de ses compagnons qui, plus aigri que les autres par le malheur, avait fini par se rendre insupportable à tous.

Après une année de souffrance, François rendu à la liberté rentra

Un songe de gloire (Gozzoli).

dans sa patrie; mais l'on comprend sans peine que la captivité n'avait éteint en lui ni son ardeur chevaleresque, ni sa soif d'aventures.

Peu de temps après son retour, il tomba gravement malade : c'était la conséquence des privations et des souffrances endurées en prison; mais la maladie elle-même ne changea point le cours de ses idées. Il se rétablit et, luttant en quelque sorte contre la grâce du ciel qui veut lui faire comprendre la vanité de tous les honneurs du monde, à peine apprend-il qu'un noble d'Assise est sur le point de se rendre dans la Pouille pour combattre sous la bannière de Gauthier de Brienne, il décide de se joindre à lui, heureux de pouvoir lutter, souffrir, mourir s'il le faut, en défendant un idéal de justice, avec l'espoir d'être enfin armé « chevalier », précieuse faveur qui comblerait son ambition. Tandis qu'il faisait ses préparatifs de départ, sa jeune et ardente imagination se plaisait à évoquer des scènes guerrières, des épisodes héroïques, des trophées de victoire; il se voyait déjà dans la mêlée, puis revenant dans sa patrie couvert de gloire.

Un songe de gloire.

L'un de ces songes nous a été conservé par les biographes du saint, parce qu'il semble avoir décidé de l'avenir de François. Il crut voir, dans un palais magnifique, une grande quantité d'armes, toutes marquées de la croix, et entendre une voix mystérieuse lui disant que ces armes étaient préparées pour lui et pour ses compagnons. Ce rêve redoubla son ardeur et il hâta son départ.

Mais la guerre, la guerre livrée sur les champs de bataille, même pour la défense d'un noble idéal, il ne devait pas la connaître. Presque au début du voyage, à Spolète, il fut pris d'un mal qui l'arrêta. Pour ce jeune guerrier, plein de vie et d'enthousiasme, quelle tristesse de se voir condamné à l'immobilité, alors que ses compagnons, plus jeunes que lui, peut-être, et moins vaillants, couraient au combat et à la victoire! Qui dira combien de fois, dans l'ardeur de la fièvre, galvanisé par son désir, il aura tenté de se lever, de revêtir son armure, pour retomber sur son lit, brisé de fatigue, découragé, et pleurant de voir son beau rêve s'évanouir!

Et voici qu'un jour, sur le matin, après une de ces nuits agitées, la voix céleste qu'il a déjà entendue, l'appelle et lui demande où il prétend aller?

— Dans la Pouille pour y être fait chevalier.

— Mais lequel peut te faire plus de bien, le maître ou le serviteur, le riche ou le pauvre?

— Le maître et le riche.

— Pourquoi donc délaisses-tu Dieu qui est le maître et le riche, pour servir l'homme qui est le serviteur et le pauvre?

Et François ne sait que répondre; bientôt il sent qu'il lui est impossible de résister à une volonté plus forte que la sienne, il s'humilie devant le Seigneur, et, comme Paul de Tarse sur la route de Damas, il demande :

— Seigneur, que voulez-vous que je fasse?

— Retourne dans ta ville natale; là, il te sera dit ce que tu dois faire.

A partir de ce moment, on n'en peut douter, la grâce triomphera dans le cœur de François. Quelque temps encore, il tergiversera, se demandant quelle carrière inconnue lui était donc réservée. Mais le jour viendra où il devra se déclarer vaincu pour toujours et se prêter sans réserve à l'action du Très-Haut.

Vision du ciel.

Dès qu'il eut recouvré quelque force, François reprit le chemin d'Assise.

Il est facile de s'imaginer avec quelle joie il fut accueilli par sa famille et par ses amis, malgré quelques plaisanteries inoffensives qu'un retour si prompt ne manqua point de provoquer. Mais on connaissait son héroïsme, on le savait généreux, et la bande joyeuse de ses compagnons, oubliant bientôt l'incident, vint lui demander de présider, comme auparavant, leurs festins et leurs réjouissances.

A l'occasion même de son retour, ses amis les plus intimes l'invitèrent à un banquet, dont ils le proclamèrent roi; ils lui mirent sur la tête une couronne de fleurs, dans la main un bâton en guise de sceptre, et le festin terminé, ils le conduisirent, en chantant, à travers les rues de la ville.

Cependant, ce soir-là, François n'était plus le même; il manquait de gaieté et d'entrain, il ne chantait ni madrigaux ni sirventes, comme jadis. Il marchait absorbé dans ses pensées; il semblait un autre homme.

— Qu'y a-t-il, François? — lui demande un ami, qui veut plaisanter. Peut-être songes-tu à prendre femme?

— Tu l'as deviné, mon cher, — répond François. — Et la femme que je dois épouser est la plus noble, la plus riche, la plus belle que vous ayez jamais vue.

Il faisait allusion à la Pauvreté de l'Évangile, — la douce fiancée dont, en ces jours, l'Esprit-Saint lui avait révélé la beauté incomparable, — l'épouse mystique à laquelle il devait s'unir par les liens les plus sacrés et qui deviendrait, pour toujours, la compagne, la dame, la reine de son cœur.

Tel fut son dernier festin. A dater de cette soirée, sa vie mondaine est finie. Il commence, dans le Seigneur, une jeunesse nouvelle.

Ses amis n'y comprennent rien ; ils ne s'expliquent point ce changement ; ils raillent François, ils tentent de le ramener vers leurs plaisirs. Vains efforts ! Découragés, ils l'abandonnent.

Un seul lui est demeuré fidèle : il l'aimait sincèrement, et c'est lui qui devint le confident du Poverello pendant la période d'évolution spirituelle qui conduisit François à cet idéal de vie religieuse dont son esprit entrevoyait déjà les lignes, comme son cœur en goûtait la douceur et la paix.

Et, de fait, nous voyons cet ami se faire une joie d'accompagner François dans ses pèlerinages à une grotte voisine de la ville. Tout en cheminant, ils s'entretiennent de la grâce divine, que François appelle un trésor. L'humble ami se tient au dehors de la grotte, attendant que le saint qui s'y est retiré pour prier longuement, en sorte transfiguré par la ferveur de son oraison et par l'ardeur de sa charité.

Malheureusement, le nom de cet ami, dont les conseils et les prières contribuèrent aussi à orienter instinctivement François vers la lumière et l'amour du Christ, ce nom qui devrait s'inscrire glorieusement en cette histoire, ne nous a point été conservé

II

LA CONVERSION

En réalité, quand il s'agit de saint François d'Assise, on ne peut parler d'une conversion proprement dite. En effet, — et nos jeunes lecteurs en auront fait eux-mêmes la remarque, — malgré sa gaieté, son entrain, son goût pour les fêtes et les jeux, malgré son amour pour les honneurs et la gloire, jamais le jeune François ne perdit sa foi religieuse, jamais la pureté de ses mœurs ne fut souillée.

Pureté de vie.

Tous les biographes sont d'accord sur ce point : bien que François se soit trouvé exposé à mille dangers dans sa jeunesse, bien qu'il ait été mêlé à la vie des camps, il ne s'écarta jamais des principes de la doctrine chrétienne que sa mère et ses premiers maîtres avaient su graver dans son cœur.

Au plus intime de son âme, il avait toujours conservé ce vif sentiment de piété sincère, qui se manifesta clairement aux heures les plus solennelles de sa vie. Il aimait la religion comme il aimait la nature, l'Église et la patrie; il aspira toujours à l'idéal le plus noble.

Quant à la pureté et à l'innocence de sa vie, quoique tel ou tel historien, — peut-être dans un but littéraire et apologétique, — ait jugé bon d'exagérer les fautes de François, il n'en reste pas moins certain que, malgré les séductions du monde et les tentations du démon, il n'a point faibli.

Les *Trois Compagnons* de notre saint, qui longtemps ont vécu dans son intimité, l'affirment avec une autorité et une clarté qui ne permet aucun doute. Après avoir rappelé, eux aussi, les années de sa jeunesse, ils écrivent : « Il était poli en ses mœurs et en ses paroles, et selon la résolution qu'il avait prise en son cœur, il ne dit à personne un mot injurieux ou peu décent; quoique, dans sa jeunesse, il fût adonné aux passe-temps et aux jeux, il s'était fermement proposé de ne jamais répondre à ceux qui lui disaient des paroles inconvenantes. Sa réputation s'était répandue dans toute la province et ceux qui le connaissaient en auguraient qu'il était appelé à de grandes choses ».

Donc, non seulement il avait su éviter tout péché d'action contre la pureté qui est la jeunesse et la reine des vertus, mais il n'avait jamais dit ni voulu entendre une parole contraire à la pudeur. La noblesse de sa nature, la distinction de son caractère, la délicatesse de son cœur l'élevaient au-dessus de ces misères; et, surtout, Dieu veillait sur lui par sa grâce, à ce point que saint Bonaventure, le docteur séraphique, attribue à un miracle du ciel que le jeune François ait pu se conserver comme un lys parmi les épines du siècle.

Par conséquent, lorsque, plus tard, le saint parlera « d'une vie passée dans le péché » — comme il le dit dans son Testament, — il faut absolument exclure l'idée de toute faute grave contre la chasteté, et comprendre qu'il est question de l'ambition, de l'attrait pour les divertissements, des mille frivolités qui séduisent le cœur des jeunes gens et peuvent pour toujours l'asservir au monde.

Dans la ville Éternelle.

Mais François avait définitivement brisé le seul lien capable de l'enchaîner au monde, et, afin de se purifier entièrement de sa vie antérieure en obtenant la pleine rémission de ses péchés, il résolut d'aller en pèlerinage à Rome pour prier sur la tombe des saints apôtres Pierre et Paul.

Nous ne le suivrons pas dans ce pèlerinage qui dut être pour lui une source féconde des joies les plus pures, des émotions les plus nobles pour son âme d'artiste et de croyant. Où donc est l'italien chrétien qui, visitant l'immense métropole si riche en monuments et en souvenirs, n'éprouve pas un sentiment d'enthousiasme? Et alors, comment décrire les émotions, les joies, les aspirations de celui qu'on devait, à juste titre, appeler *le plus italien des saints et le plus saint des italiens*, lorsqu'il entra dans cette Rome, jadis reine du monde par les armes, et toujours — à cette époque surtout — la directrice des nations, la maîtresse des peuples par le magistère et le ministère de ses Pontifes !

Combien souvent le jeune « chevalier » avait désiré se voir dans cette royale cité ! Que de fois, au seul nom de Rome, s'était-il senti fier de se dire catholique ! Souvent, dans ses extases religieuses et poétiques, sa pensée était allée au Siège Apostolique, à l'amphithéâtre des Martyrs; et, maintenant, il est lui, dans ces murs; il peut admirer ces incomparables monuments, jouir de toutes ces beautés artistiques et religieuses.

Le Vatican l'attirait surtout, et c'est là qu'il se rendit tout d'abord. D'un cœur ému, il prie longuement, prosterné devant les cendres des Princes des Apôtres. Sa prière achevée, il remarque avec tristesse combien sont chétives les offrandes déposées par les pèlerins pour la construction de l'église et il verse dans le tronc tout l'argent qu'il possède. En sortant, il se mêle à la foule des pauvres qui, établis sur les marches, sollicitent l'aumône des fidèles; il échange ses riches vêtements avec les haillons du plus misérable d'entre eux et, jusqu'au soir, à son tour, il implore en langue française la charité des pèlerins. Et ce fut pour lui une joie bien grande en même temps qu'une sublime pensée.

Ces actes héroïques de foi et d'amour, si fréquemment renouvelés, ne pouvaient manquer de lui attirer les bénédictions du ciel qui, de plus en plus, disposaient son cœur au triomphe complet de la grâce divine.

Le crucifix de saint Damien.

De retour à Assise, il sentit le besoin de se retirer dans la solitude de la montagne et des vallées. Pour s'adonner à la méditation, pour élever son âme par la prière, il choisissait de préférence le secret des grottes, le silence de quelque chapelle déserte.

Parmi ces chapelles, il en est une qui lui devint particulièrement chère, — celle de Saint-Damien, — située sur le penchant de la colline, proche de la ville, ceinte d'un bosquet d'oliviers comme d'une couronne de paix. Or, il arriva qu'un jour où, devant l'image du crucifix, François priait avec plus de ferveur, suppliant le Seigneur de lui faire clairement connaître sa volonté, il entendit la même voix mystérieuse (et, cette fois, elle semblait sortir des lèvres mêmes du Sauveur) qui l'appelait par son nom et, à trois reprises, lui disait : « François, va et répare ma maison qui tombe en ruines ! »

Tremblant de tous ses membres, François répondit : « Je le ferai volontiers, Seigneur. »

Prenant à la lettre le commandement du Sauveur, aussitôt qu'il fut revenu de la stupeur où cette parole l'avait plongé, il regarde autour de lui et se rend compte, en effet, que la petite chapelle, à moitié en ruines, a grand besoin de réparations. Comment se procurer l'argent nécessaire? Il regagné Assise; arrivé chez son père, il fait un paquet de belles étoffes, monte à cheval, court à Foligno où il vend tout — marchandises et cheval — et apporte le produit de ce merveilleux trafic au prêtre chargé de la garde de Saint-Damien.

Ce prêtre, connaissant l'avarice de Pietro di Bernardone et la violence de son caractère, ne voulut pas accepter une si riche offrande; il craignait que la chose n'amenât quelque scène; mais il consentit à donner l'hospitalité à François, décidé à ne plus s'éloigner de ce lieu béni. Et François dut se contenter de jeter la somme sur le rebord d'une fenêtre du petit sanctuaire, en signe du profond mépris qu'il avait déjà pour l'argent.

La tempête que le chapelain de saint Damien redoutait ne tarda pas à éclater. Pietro di Bernardone, absent depuis quelque temps, était rentré et, apprenant l'étrange conduite de son fils, il partit furieux à sa recherche. François réussit pourtant à se dérober à sa poursuite.

Le fou du Christ.

Environ un mois après, fortifié par la prière, de plus en plus prenant conscience de sa vocation, sorti victorieux des tentations les plus terribles, il quitta de son plein gré la grotte de Saint-Damien et rentra dans la ville, tel un valeureux soldat prêt à affronter la lutte avec ses parents, avec ses amis, avec le monde.

Lorsque François qui, peu de temps auparavant, était encore l'idole de la jeunesse d'Assise se montra dans les rues, pâle et amaigri par les pénitences et les jeûnes, les yeux rougis par les larmes, ceux qui le virent ne tardèrent pas à l'insulter, le traitant de fou. Et vraiment, il était devenu fou de la Croix. Il était juste qu'à l'exemple du Christ, après avoir eu son *Hosanna!* il eût son *Crucifige*. Seul, dans la foule, un pauvre eut l'intelligence d'une telle transformation et, chaque fois qu'il rencontrait François, il étendait à terre son manteau sous ses pas. — « Je sais, lui disait-il, que vous deviendrez un grand saint. »

Plus que personne, Pietro di Bernardone s'indigna de voir son fils s'exposer aux railleries de ses concitoyens. Loin de comprendre la merveille qui s'opérait en l'âme de François, il jugeait que c'était là déshonorer sa famille. Il fondit sur lui « comme un loup sur un agneau », l'accabla d'outrages, le meurtrit de coups et le poussa violemment dans sa maison. Là il le somma de renoncer une fois pour toutes à ces extravagances, et de reprendre son travail en l'aidant dans son commerce. François ne cédant ni aux prières, ni aux menaces, il le jeta dans une sorte de cachot, au-dessous d'un escalier, résolu à le laisser dans les ténèbres jusqu'à ce qu'il obéît.

En prison.

Pensez, chers enfants, quelle fut la douleur de la mère quand elle vit son bien-aimé François traité de la sorte! Atterrée, muette d'abord elle avait assisté à cette scène cruelle; ensuite, elle tenta d'apaiser la colère de son mari. Bernardone demeura inflexible et François dut rester prisonnier. S'adressant alors à son fils, elle le prie, elle le conjure d'obéir à son père, mais, après un long entretien avec François qui lui ouvre son cœur, elle reconnaît qu'un grand mystère de la grâce divine s'accomplit en cette âme privilégiée. Les larmes qu'elle verse maintenant sont tout à la fois des larmes de douleur et des larmes de joie; elle prie avec une ardeur nouvelle, et se promet en son cœur de seconder les desseins de son fils.

Et, un jour, profitant d'une nouvelle absence de Pietro di Bernardone, la sainte femme, qui ne pouvait supporter que son fils souffrît ainsi pour l'idéal dont son cœur s'était épris, lui ouvrit la porte du cachot, l'embrassa tendrement et lui rendit la liberté. François pénétré de reconnaissance pour une mère qui savait si bien le comprendre, et pour le ciel qui venait ainsi à son aide, se hâta de retourner à Saint-Damien.

Son père revint peu après. Il se précipita à la poursuite du fugitif. Mais François ne redoutait plus la colère paternelle. Bien loin de se dérober une fois encore, il se présenta de lui-même à Pietro et se déclara prêt à subir les coups, la faim, la prison, pour qu'il lui fût permis de servir Jésus-Christ qui l'appelait à lui. La colère du père ne connaissait plus de bornes. Puisqu'il devenait impossible de faire plier une volonté si énergique, il traita son fils comme on traite un voleur et lui réclama l'argent rapporté de Foligno. Cet argent gisait toujours dans la poussière sur la fenêtre où François l'avait jeté. Pietro l'emporta en menaçant de se venger.

Une scène sublime.

François avait alors vingt-quatre ans. A cette époque comme aujourd'hui, les jeunes gens parvenus à un certain âge, tout en continuant de travailler dans la compagnie et aux frais de leur père, commençaient à

Saint François renonce à ses biens (Giotto).

mettre de côté un petit pécule, fruit de leurs gains et qui restait leur propriété. François faisait ainsi, et son intention était d'employer cette somme à la réparation de la petite chapelle qui lui était si chère. Bernardone réclamait aussi cet argent, et, peut-être parce que son fils refusait de le rendre, il osa porter plainte devant les consuls de la ville qui firent comparaître François devant eux.

Or voici comment les choses se passèrent. A l'envoyé qui lui apportait l'ordre de comparaître, François se contenta de répondre que, désormais, il était consacré au Seigneur, et que, étant donné la distinction précise, qui existait alors entre l'autorité civile et l'autorité ecclésiastique, il avait le droit comme membre du clergé auquel il était uni, d'être jugé par le tribunal religieux : qu'il en appelait donc à l'Évêque « père et pasteur de son âme ».

Alors eut lieu cette scène que le pinceau de Giotto a immortalisée, que Dante a chantée, que les poètes et artistes ont reproduite à l'envi.

Guido Secondi, l'évêque d'Assise, connaissait déjà notre saint; il faisait grand cas de sa vertu et de son héroïsme. Il l'accueillit donc avec la bonté d'un père plutôt qu'avec la sévérité d'un juge, et l'invita simplement à renoncer à l'héritage paternel, à mettre sa confiance dans le Seigneur qui, certainement, ne l'abandonnerait point. A ces mots, François se lève aussitôt, s'approche du trône épiscopal et, dans un transport de ferveur religieuse, il s'écrie :

« Seigneur, je veux de bon cœur rendre à mon père non seulement l'argent qui vient de lui, mais jusqu'à ces vêtements. »

Après quoi, il entre dans une chambre voisine, se dépouille de ses habits et reparaît sans autre vêtement qu'un cilice. Il jette ses vêtements aux pieds de son père, dépose au-dessus l'argent qui lui reste et d'un air de triomphe :

« Écoutez tous, dit-il, jusqu'à ce jour j'ai appelé Pietro de Bernardone mon père; mais désormais je dirai avec plus de raison : Notre Père qui êtes aux cieux ! »

Tous pleuraient, émus d'un tel héroïsme. Poussé par son avarice, Pietro di Bernardone ne craignit pas de ramasser et les vêtements et l'argent et il sortit accompagné des murmures des assistants indignés, tandis que l'Évêque pressait François sur son cœur et jetait sur ses épaules son propre manteau comme un symbole de la protection que, dès ce moment, il accordait au noble jeune homme.

François reçut ensuite, en aumône, un vieux manteau qui appartenait à l'un des serviteurs de l'évêque et, après avoir tracé avec du plâtre une grande croix, il s'en revêtit avec reconnaissance, heureux de porter la

livrée de dame Pauvreté, plus belle à ses yeux que les plus riches ornements des rois; et il s'en alla, libre, tout à la joie de ne posséder autre
chose que Dieu, de n'espérer qu'en Dieu, de ne rien recevoir que pour
l'amour de Dieu.

Pietro di Bernardone et dame Pica.

Et maintenant, chers petits Amis, maintenant que vous avez compris et
admiré chez François la générosité, l'ardeur dans l'esprit de sacrifice,
ne trouvez-vous pas que la figure de Pietro di Bernardone vous est anti-
pathique? Assurément, au nom du respect que nous devons à notre père,
nous voudrions justifier, excuser du moins la conduite de Pietro. Mais
comment dissimuler sa sordide avarice et son excessive ambition? Certes,
il aimait tendrement François, son premier-né, il était fier de cet enfant
dont l'intelligence ouverte, le cœur généreux, le noble caractère le char-
maient. Mais son amour avait quelque chose de trop humain et, par
conséquent, lorsque Dieu parut lui demander le sacrifice de cet enfant
qu'il appelait à Lui, Pietro fut bien loin d'imiter l'héroïque exemple
donné par Abraham qui n'hésita pas à immoler, comme holocauste, son
bien-aimé Isaac. Et, parce qu'il aimait trop, ou plutôt parce qu'il aimait
mal son fils, Pietro finit par se montrer cruel envers lui et par se révolter
contre la volonté de Dieu.

Tel fut le tort de Pietro di Bernardone : il s'est opposé avec une obstination inutile et injuste à la vocation de son enfant. Puisque cette vocation
était réelle, puisque l'appel de Dieu était évident, puisque de la résistance
ou de l'obéissance à cet appel dépendaient non seulement le malheur ou le
bonheur de François, mais encore le bien de l'Église et de la patrie, Bernardone aurait dû comprendre que, suivant l'esprit chrétien, les parents
ne sont point les absolus propriétaires de leurs enfants, mais simplement
leurs gardiens et que, dès lors, quand le Seigneur veut l'un de ces enfants
à son service, personne n'a le droit de lui résister, et que le devoir de lui
obéir s'impose à tous.

François était profondément convaincu de cette grande vérité. L'appel
d'en-haut se manifestait par des preuves trop évidentes, pour que le doute
restât possible; et, malgré l'amour, malgré la vénération qu'il avait pour
son père, il resta inébranlable dans sa résolution. Sans lui manquer en
rien de respect, lui témoignant au contraire plus d'égards et priant pour
lui de tout cœur, il suivit sa voie parce qu'il vaut mieux obéir à Dieu
qu'aux hommes. Et l'histoire, d'accord avec la conscience, lui a pleine-

ment donné raison. Soyons certains, toutefois, que l'exemple de François, ses prières, son héroïque sacrifice, auront, plus tard, obtenu le salut de Pietro di Bernardone qui, au fond, péchait par trop d'amour pour ce fils privilégié.

Tout autre est l'attitude de la mère, — la douce dame Pica, — et combien touchante, à la distance de tant de siècles, nous apparaît encore son image! Elle aussi, elle aimait François avec tendresse, avec force, avec enthousiasme; mais c'était une mère sincèrement chrétienne, faite de douceur et d'amabilité, que les biographes nous laissent à peine entrevoir dans la pénombre du foyer domestique. Lorsqu'elle comprit que son bien-aimé François était appelé par Dieu à une forme spéciale de vie religieuse, bien loin de susciter des obstacles à cette généreuse aspiration, elle se fit son avocate, sa protectrice contre l'injustice et la colère du père. Et ainsi, dans sa mère, François trouva un guide et une force. A partir de ce jour qui marqua le début de sa crise religieuse et des luttes qu'il aurait à livrer pour réaliser son idéal, le culte de vénération et d'amour qu'il avait voué à sa mère, devint toujours plus tendre et finit par se transformer en un sentiment d'amitié, où s'unissaient le plus profond respect et la plus vive reconnaissance.

Heureux les enfants dont la mère est une sainte! jamais ils ne comprendront assez le don que le Seigneur leur a fait en leur accordant un semblable trésor. Tout ce qu'ils possèdent d'amour, de pureté, de joie, ils le doivent à cet ange gardien. Leur salut est à jamais assuré.

III

LE POVERELLO D'ASSISE

François est donc devenu, en vérité, l'époux de dame Pauvreté. C'est devant l'évêque qu'ont été célébrées ces noces mystiques avec la dame de son cœur. Il s'était fiancé à elle, en cette soirée où il avait dit adieu à la troupe joyeuse de ses compagnons, et cet engagement, il l'avait confirmé dans la chapelle de Saint-Damien. En quittant tout ce qu'il possédait, au point de se dépouiller de ses vêtements, en renonçant même au droit de propriété, il devenait vraiment le « Poverello d'Assise ».

On le croit pauvre, et nul n'est plus riche; on le croit esclave, et nul n'est plus libre; on le croit malheureux, et nul ne possède plus de joie en son cœur.

Le héraut du Grand Roi.

En quittant le palais épiscopal, François ne retourna pas immédiatement à Saint-Damien; il gagna les bois pour y chanter librement son bonheur à la face de la terre et du ciel. Dans la forêt de Subasio, il rencontra des voleurs qui, le voyant ainsi accoutré et l'entendant chanter en langue française, le prirent pour un fou.

— Qui es-tu? lui demandèrent-ils.

— Le héraut du Grand Roi, répondit François.

Cette réponse faite d'un ton assuré, les confirma dans la pensée qu'ils avaient affaire à un insensé. Ils s'amusèrent de lui, l'accablèrent de coups et le jetèrent dans un fossé plein de neige, en lui criant :

— Eh bien! va là-dedans, toi qui veux faire le héraut!

Et ils s'éloignèrent.

François sorti, non sans peine, du fossé, meurtri de coups, engourdi par le froid, mais joyeux d'avoir souffert quelque chose pour l'amour de

Dieu, reprit sa route en chantant avec plus d'ardeur. Il arriva par hasard à un couvent de moines où il demanda l'hospitalité pour quelques jours. On l'employa à divers bas ouvrages. Comprenant que telle n'était point sa mission, le Poverello quitta le couvent et gagna la vallée opposée. A Gubbio, il retrouva l'ami qui lui était demeuré fidèle et qui, touché de sa misère, lui donna les vêtements d'un pèlerin : une tunique courte, une ceinture de cuir, des souliers et un bâton.

Ensuite, il s'arrêta quelque temps dans un hospice où l'on recueillait les lépreux, si nombreux à cette époque. Il se consacra avec une charité héroïque au service de ces malheureux qui, dès lors, lui furent toujours particulièrement chers. Il leur prodiguait ses soins, leur lavait les pieds baisait leurs plaies, essuyait leurs larmes, les consolait dans les souffrances de ce long martyre : il leur souriait et son sourire leur était une joie, il leur parlait avec une angélique douceur : bref, il avait pour eux la tendresse et la délicatesse d'une mère et d'une sœur de la charité.

La malédiction du père.

Il ne put, cependant, résister au désir de revoir sa chère ville d'Assise. La pensée que ses parents pouvaient être inquiets de sa brusque disparition; le besoin de retrouver sa mère bien-aimée; la consolation qu'il trouverait à prier dans la pieuse chapelle de Saint-Damien; la nécessité qui s'imposait de commencer enfin les réparations du petit sanctuaire et d'obéir ainsi à la voix du Crucifix, — tous ces motifs le déterminèrent à regagner la ville.

Malgré la joie qu'il éprouvait d'avoir pu réaliser son rêve en conquérant la sainte liberté des enfants de Dieu, François, — nous n'en saurions douter, — dut, en ces jours, souffrir beaucoup de se séparer définitivement de sa famille que, malgré tout, il aimait du meilleur de son cœur. Ce qui l'affligeait le plus, c'était l'attitude de son père à son égard. La colère de Bernardone ne s'était point apaisée pendant l'absence de son fils : exaspéré, rebelle à la volonté de Dieu, chaque fois qu'il rencontrait François, il le maudissait, et l'héroïque jeune homme, le cœur meurtri, ne pouvait retenir ses larmes. Pour trouver une consolation à sa souffrance, il avait prié un pauvre mendiant de l'accompagner et de le bénir quand son père le maudirait.

« Viens avec moi, lui dit-il dans sa simplicité, nous vivrons ensemble des aumônes recueillies. Lorsque tu entendras mon père me maudire, je m'agenouillerai devant toi et tu me béniras en faisant le signe de la croix. »

Son frère, Angelo, suivant en cela l'exemple du père, persécutait François et ne manquait aucune occasion de l'insulter. Un jour d'hiver, comme il entrait dans l'église d'Assise, il le trouva par terre et priant. Il faisait très froid et la seule vue de François grelottant sous ses pauvres vêtements d'ermite donnait le frisson. Angelo se tourna vers son compagnon et lui dit ironiquement :

— « Demande donc à François s'il veut te vendre un peu de sa sueur ».

Le saint comprit l'insulte, mais, au lieu de s'en offenser, il se contenta de répondre :

— « Je le regrette, mais je l'ai déjà vendue très cher à mon Seigneur. »

Dans sa famille, une seule personne continuait à lui témoigner de la bonté et à l'aimer sincèrement. C'était sa mère. Elle s'ingéniait à le voir le plus souvent possible; elle le consolait par sa tendresse, le réconfortait par ses conseils, l'encourageait dans ses résolutions. Qui dira combien de fois la mère et le fils se rencontrèrent au pied des mêmes autels! unis dans la prière et dans les larmes.

En quête de pierres.

François vivait désormais d'aumônes. Il passait la plus grande partie de la journée à Saint-Damien, tout entier à ses travaux de réparations, mais il en sortait souvent pour recueillir de quoi vivre et restaurer la chapelle. Il allait, mendiant de porte en porte ce que la charité des pieuses personnes voulait bien lui donner et mettait dans une même écuelle les rogatons ramassés.

Les biographes nous disent que la première fois que le pauvre ermite, habitué à de meilleurs repas et plutôt délicat et recherché dans sa manière de vivre, essaya de goûter ce mélange peu appétissant, il frémit dans son cœur, tant ce sacrifice lui parut au-dessus de ses forces. Mais lorsque, triomphant de sa répulsion, il commença à manger, il lui parut que jamais les vins les plus exquis, les viandes les mieux préparées, n'avaient eu plus de saveur. Il en remercia Dieu et, plus tard, il avait coutume de rappeler à ses frères comment le Seigneur avait changé, pour lui, en douceur d'âme et de corps, ce qui, d'abord, lui avait paru chose amère à voir.

Outre sa nourriture, le Poverello devait mendier la chaux, les briques, les pierres, tout ce qui était nécessaire pour restaurer Saint-Damien. Il allait donc par les rues, chantant son refrain :

— « Qui me donnera une pierre, aura une récompense; qui m'en

Allégorie de la Pauvreté (Giotto).

28

donnera deux aura deux récompenses; qui trois, trois récompenses! »

Un jour, sur le point d'entrer dans un palais, il entend qu'à l'intérieur on se livre au rire et au jeu. Il reconnaît la voix de ses anciens compagnons; et, un instant, il sent la rougeur lui monter au visage, il va se retirer! Mais l'héroïque quêteur dompte cette dernière tentation de l'honneur mondain : il entre hardiment, confesse sa faute et demande l'aumône pour l'amour de Dieu.

Il est vrai, parmi ceux qui l'avaient connu avant sa « conversion » et qui le voyaient aujourd'hui réduit à cette misère, la plupart continuaient à le regarder et à le traiter comme un fou, sans lui épargner les insultes et les affronts; mais d'autres en avaient compassion et lui donnaient tout ce qu'il demandait. Et ainsi François, qui s'était improvisé maçon, put se procurer les matériaux nécessaires pour réparer le pieux sanctuaire qui deviendrait un jour le berceau de son Ordre.

François répare les églises.

Et l'on vit alors François, le fils du riche marchand Pietro di Bernardone, dresser un échafaudage autour de la petite église, porter les pierres sur ses épaules, manier habilement la truelle et le marteau. Les passants pouvaient l'entendre chanter en langue française tout en travaillant avec ardeur et si l'un d'eux, s'arrêtant, semblait lui témoigner du mépris ou une ironique compassion, il se bornait à dire doucement :

— « Venez plutôt m'aider à restaurer la maison du Seigneur! »

Tous ne demeuraient pas sourds à son invitation. Gagnés par son exemple, quelque humble paysan ou quelque pauvre ouvrier se joignaient parfois à lui, aux heures dont leur travail leur permettait de disposer. D'ailleurs, il s'agissait de simples réparations qui n'exigeaient ni la science ni l'habileté que François ne pouvait posséder. En un temps relativement court, à la grande joie du Poverello et du pieux chapelain du sanctuaire, la chapelle de Saint-Damien se trouva complètement restaurée.

Encouragé par ce succès, François eut la pensée de réparer deux autres chapelles dans le voisinage d'Assise : l'oratoire de Saint-Pierre tout auprès de la ville, et la petite église devenue si célèbre dans l'histoire franciscaine : Sainte-Marie-des-Anges. Le pieux jeune homme croyait ainsi obéir plus pleinement à la voix du Crucifix qui, par trois fois, lui avait répété l'ordre de réparer sa maison.

La vocation à l'apostolat.

Mais ce n'était pas à la restauration matérielle des églises que Dieu l'avait appelé. Désormais, mieux éclairé par la lumière qui, invoquée dans la prière, lui venait d'en haut, et obéissant à une inspiration secrète qui lui parlait sans cesse au cœur, François commençait à comprendre combien différente était la mission que la Providence voulait lui confier.

Son unique désir était de connaître clairement la volonté du Seigneur afin de l'exécuter promptement.

Un matin, il descendit à Sainte-Marie-des-Anges pour assister à la messe que le prêtre de Saint-Damien venait dire de temps en temps, sur sa demande. C'était le 24 février 1208 et l'Église célébrait la fête de saint Mathias. Il entend à l'Évangile ces paroles du Seigneur : « Allez par le monde prêcher la pénitence et annoncer aux hommes la paix, parce que le royaume de Dieu est proche. N'ayez avec vous ni or, ni argent, ni monnaie dans votre bourse, ni sac pour le voyage, ni deux vêtements, ni souliers, ni bâton. » Et François se lève et d'un air de triomphe il s'écrie :

— « Voilà ce que je cherchais! voilà le but de mes désirs, l'idéal dont je rêvais : je veux être comme ces pauvres volontaires; je veux devenir un apôtre et prêcher l'Évangile! »

Il jette loin de lui son bâton, ses chaussures, la ceinture de cuir qui serre à son côté sa misérable tunique, il remplace cette ceinture par une simple corde; et, transporté d'un zèle divin pour obéir à l'ordre de Jésus-Christ, il part, résolu à se faire le héraut de la Bonne Nouvelle.

IV

LES PREMIERS DISCIPLES

Mes jeunes lecteurs ne peuvent, sans doute, comprendre tout ce qu'il y a de noble dans l'élan généreux de François, déjà si pauvre, se dépouillant encore des derniers restes de ce qu'il regardait comme choses superflues ; ils ne peuvent comprendre la haute portée de son mépris, de sa haine pour l'argent. Ils ignorent la néfaste puissance que le dieu Mammon — ainsi l'appelle l'Évangile — peut exercer sur notre cœur pour l'éloigner du bien et l'enchaîner au mal. En cela, ils sont, à leur insu, de petits Franciscains, puisqu'ils se soucient peu des richesses, ne se préoccupent point d'acquérir ou de posséder, s'en remettant en toute sécurité aux soins de leurs parents. François s'abandonnait à la Providence du ciel.

Mais ceux qui, plus avancés dans la vie, entouraient alors François, comprirent la valeur de son geste, et s'il y en eut encore qui le traitèrent de fou, d'autres s'émurent assez de ce magnifique exemple d'abnégation et de sacrifice pour subir son influence.

Bientôt, se groupèrent autour de la sienne des âmes généreuses qui aspiraient, comme lui, à une plus intime union avec Dieu, à une perfection plus grande, âmes d'élite dont les noms devraient être gravés en lettres d'or et dont chacune mériterait d'être étudiée en particulier.

Le premier fils du Poverello.

Le premier de ces compagnons fut Bernard de Quintavalle, riche citoyen d'Assise, comme François lui-même. De sa conversion à l'idéal franciscain, un détail nous a été conservé qui révèle bien l'humilité de notre saint. Ce trait est raconté dans les *Fioretti*, délicieux volume de l'histoire franciscaine que beaucoup de mes petits amis connaissent et que nous citerons bien souvent.

« Et le seigneur Bernard songea dans son cœur : « Il n'est absolument pas possible que ce François ne possède pas une grande grâce de Dieu. » Et donc, inspiré par le Seigneur, il invita saint François à venir manger avec lui dans la soirée : à quoi ayant humblement consenti, saint François, un soir, vint souper avec lui. Or, le seigneur Bernard se proposa dans son cœur de mettre à l'épreuve la sainteté du bienheureux François : ce pourquoi il l'invita à dormir dans sa maison, cette nuit-là. Et comme saint François y consentit humblement, le seigneur Bernard lui fit préparer un lit dans sa propre chambre, où il entretenait, toute la nuit, une lampe allumée. Or, saint François dès qu'il entra dans la chambre, afin de cacher la grâce divine qu'il possédait, aussitôt s'étendit sur le lit et fit semblant de vouloir dormir. Mais le seigneur Bernard résolut dans son cœur, d'observer secrètement son attitude pendant la nuit, et mit à cela tant de précaution que, après avoir reposé quelque temps sur son lit, il feignit de dormir lui-même profondément et de ronfler à grand bruit. Or, saint François, fidèle à cacher les secrets de Dieu, lorsqu'il pensa que le seigneur Bernard dormait profondément, parmi le silence complet de la nuit, sauta à bas de son lit, et, le visage levé vers le ciel comme aussi élevant vers Dieu ses yeux et ses mains, tout absorbé dans sa pieuse prière, il disait : « O mon Dieu et mon tout. » Et il répétait ces mots avec tant de larmes et les multipliait avec tant de zèle pieux que, jusqu'au matin, il ne disait rien autre que : « O mon Dieu et mon tout. » Or, le seigneur Bernard, voyant tout cela à la lumière de la lampe allumée, et méditant diligemment les susdites paroles, et observant avec vigilance la dévotion du saint, et se sentant lui-même pénétré de l'Esprit-Saint jusque dans la moelle de son cœur, voici que, dès l'aube du matin suivant, il appelle saint François et lui dit : « Mon frère François, je me suis proposé d'abandonner tout à fait le monde et de te suivre dans tout ce qu'il te plaira de me commander. » Et le saint, en entendant ce dernier, fut tout heureux en esprit[1]. »

Mais François, dans sa profonde humilité, ne voulut point donner son consentement avant de connaître d'abord la volonté divine. Il conduisit donc Bernard dans une église; par trois fois, il ouvrit l'Évangile et, par trois fois, il tomba sur les paroles qui enseignent l'amour de la pauvreté et le devoir de l'apostolat.

Répondant à cette invitation, Bernard, le premier fils du Poverello,

---

1. Traduction T. de Wyzewa (voir la suite sur l'original).

 Maison natale de Quintavalle.

vendit tous ses biens, pour en distribuer l'argent en aumônes; désormais, il partagera la vie de François dans l'humilité, la prière et la pénitence; il imitera son zèle apostolique, deviendra l'un de ses compagnons les plus intimes et recevra la bénédiction la plus tendre de son bienheureux Père sur le point de mourir.

Le prêtre, — *Pietro Cattaneo,* — qui avait lu l'Évangile aux deux convertis, comprit, lui aussi, le sens des paroles que la Providence lui mett.it sur les lèvres en cette circonstance; il voulut suivre l'exemple de François et de Bernard et devint le troisième membre de la petite communauté.

Plus tard, un autre prêtre d'Assise, — Don Silvestre, — fera de même. Comme il assistait à la distribution qui se faisait aux pauvres des sommes offertes par Bernard, Don Silvestre, vaincu par l'avarice, avait réclamé à François le paiement d'une dette, protestant qu'il lui avait fourni quelques pierres pour les réparations faites à Saint-Damien. Mais ensuite, apprenant la libéralité des deux amis, condamnant son sordide attachement aux biens de ce monde, il se repentit amèrement de sa faute : il finit par s'associer au Poverello et devint un religieux d'une grande piété.

Autres disciples.

Peu de temps après, ces pénitents d'Assise, — le peuple les appelait ainsi, — se trouvaient à la Portioncule ou Sainte-Marie-des-Anges, vivant de la vie commune, portant le même vêtement, — une tunique avec un capuchon, à la manière des paysans de cette époque —, lorsqu'ils furent rejoints par un de leurs compatriotes, Fra Egidio. C'était une âme simple, droite, pénétrée de la sainte crainte de Dieu; aussi fut-il accueilli avec joie par François qui le présenta à ses compagnons en s'écriant : « Voici un bon frère que Dieu nous envoie! Réjouissons-nous! »

Et le pieux jeune homme resta pour toujours l'un des plus authentiques paladins ou chevaliers de la Table Ronde, comme François se plaisait à nommer ses plus chers disciples. Egidio fut toujours le type du travailleur infatigable, du pèlerin apostolique, du poète mystique que la vue d'une fleur, le chant d'un oiseau, un regard jeté sur le Crucifix suffisaient à ravir en extase. Il nous a laissé des écrits simples à la fois et sublimes, pleins d'un suave mysticisme et d'une sagesse profonde.

La légende raconte que, plus tard, saint Louis roi de France, faisant un pèlerinage au tombeau de François déjà canonisé, et passant par Pérouse, voulut voir Egidio qui s'y trouvait alors. Lorsqu'ils se rencon-

trèrent dans le petit ermitage, les deux saints se jetèrent à genoux
s'embrassèrent tendrement et demeurèrent longtemps appuyés sur le
cœur l'un de l'autre sans proférer une parole. Dieu parlait pour eux et
faisait que leurs âmes se révélaient l'une à l'autre dans une même lumière
surnaturelle.

Dans la suite, à ces quatre disciples de l'apôtre ombrien, quatre autres
vinrent se réunir. Nous parlerons seulement de Morico, et voici l'histoire
de sa conversion. Il était malade dans un hôpital et, désespérant de sa
guérison, il voulut se recommander aux prières de François. Le saint
pria pour lui et lui fit porter quelques miettes de pain trempées dans
l'huile de la lampe de Sainte-Marie-des-Anges, en disant aux deux frères
qu'il lui envoya :

« Portez ce remède à mon cher frère Morico, et la vertu du Christ
non seulement le guérira, mais fera de lui un robuste soldat qui entrera
dans notre milice et y persévérera. »

Et la prophétie ne tarda pas à s'accomplir.

D'autres disciples vinrent ensuite et le nombre de douze fut atteint.
Le dernier fut un chevalier du nom d'Angelo Tancredi. Originaire de la
vallée de Rieti, il est célèbre par son amabilité et la distinction de ses
manières, mais surtout par sa tendre affection pour François qui, dans
la suite, le voulut pour son Gardien et Custode.

Ainsi le collège apostolique du Poverello était au complet. Comme les
Apôtres du Sauveur, les disciples de François avaient, sur un signe de
lui, abandonné toutes choses et fidèlement suivi leur maître. Mais ce
nouveau collège devait, lui aussi, avoir son traître, un certain Fra Gia-
como, surnommé Cappella, parce qu'il voulut introduire la coutume de
porter un chapeau (*cappella*). Infidèle à la grâce du Seigneur, il sortit
de l'Ordre, et fit une mort fort triste. Dans le collège de François, il y
eut, plus tard, le disciple bien-aimé, — frère Léon.

La petite brebis du bon Dieu.

Ainsi, dans l'intimité, François se plaisait à nommer frère Léon : « La
petite brebis du bon Dieu »; c'était un hommage rendu à cette âme faite
de douceur, de suavité, de pureté. Qu'elle est touchante l'amitié qui
unissait l'âme de ce dévoué disciple à celle de son maître dont il fut le
confesseur, le secrétaire, l'infirmier, l'inséparable compagnon ! Nous
trouvons frère Léon auprès de François dans les circonstances les plus
solennelles de sa vie; il joue un rôle important dans les épisodes carac-

téristiques de l'histoire du Poverello; il est l'interprète le plus fidèle de ses pensées et de son cœur. Il avait, disent les *Fioretti*, la simplicité de la colombe et voilà ce qui le rendait cher à François qui le voulut toujours auprès de lui, et c'étaient alors d'intimes et suaves colloques. Avec lui, le maître récitait son bréviaire, — d'une façon étrange parfois, — par exemple lorsqu'il lui ordonnait de l'accabler de reproches et d'injures[1]. A frère Léon, François enseigna en quoi consiste la joie parfaite[2]. A frère Léon, il écrivit, pour le consoler et l'encourager, cette lettre confidentielle, bien courte, mais pleine d'une infinie tendresse, qui aujourd'hui encore, nous touche jusqu'aux larmes !

— « Frère Léon, ton frère François te dit salut et paix. Je t'appelle mon fils comme une mère... et toutes les fois que tu voudras venir à moi, à cause de ton âme ou de quelque autre consolation, viens, mon Léon. Adieu en Jésus-Christ. »

Frère Léon, sur l'Alverne où il avait accompagné François, reçut le précieux autographe, appelé *la bénédiction de saint François à frère Léon*, et dont voici le texte précis :

— « Que le Seigneur te bénisse et te garde! Qu'il te montre sa face et qu'il ait pitié de toi! Qu'il tourne son visage vers toi et qu'il te donne la paix! Que le Seigneur te bénisse frère Léon! »

A Frère Léon, enfin, sera laissée en héritage, comme une relique d'une valeur inestimable, la tunique que François portait lorsqu'il passa à une vie meilleure.

Et Léon, resté toujours fidèle à l'idéal de son maître, ne sera point, dans la mort même, séparé de François : son corps repose à côté du sien, dans la même basilique.

Trois nouveaux disciples.

Au cours des quelques années suivantes, d'autres âmes, gagnées par l'influence de l'idéal séraphique, vinrent grossir le petit groupe des disciples du Poverello. Nommons entre autres: frère Pacifique, surnommé le *roi des vers*, parce qu'il avait reçu la couronne des poètes à la cour de Frédéric II; il s'était converti en entendant une prédication de François dont il devint un ami très fidèle; — frère Masseo, dont le maître mit, plus d'une fois, à l'épreuve la profonde humilité, par exemple, lorsque, sur la route de Sienne, pour connaître le chemin qu'il devait

1. *Fioretti*, chap. IX.
2. *Ibid.*, chap. VIII.

prendre, il lui ordonna de tourner sur lui-même si longtemps que le pauvre frère s'en abattit sur le sol ; ou encore, lorsqu'il le chargeait des emplois les plus humbles, — office de cuisine ou de portier, — alors que frère Masseo était particulièrement adonné à la contemplation ; — frère Rufin, qui appartenait à l'une des plus nobles familles d'Assise et devint un religieux exemplaire, édifiant tous ses compagnons par sa simplicité et son humilité.

Mais nous ne pouvons évoquer toutes ces belles figures, tous ces frères vraiment séraphiques, astres brillants du ciel franciscain.

Un frère très simple.

Cependant, nous ne saurions nous résigner à laisser dans l'ombre le sympathique frère Junipère, vrai type de la simplicité et de la charité franciscaines, dont la vie — racontée dans les *Fioretti* — a le don de charmer la jeunesse. Du reste, saint François lui-même, parlant de lui, disait par allusion au nom de Junipère, qui signifie « genévrier » : « Je voudrais avoir une forêt de ces genévriers ».

Faut-il résumer les principaux épisodes dont il fut le héros ?

Eh bien ! Nous lisons que frère Junipère apprenant qu'un confrère malade désirait manger un pied de porc bouilli, s'arme d'un couteau, court à un bois voisin où il trouve un troupeau de porcs, saisit l'un d'eux, lui tranche le pied et le laisse sanglant dans le bois, puis, tout joyeux de l'aventure, regagne le couvent. Mais le maître du troupeau se présente, proteste et se répand en imprécations contre le pauvre frère, Junipère comprend qu'il a fait une sottise, il se confond en excuses, il s'humilie, il parle avec tant de douceur que l'homme non seulement lui pardonne, mais va chercher le porc mutilé et le rapporte au couvent pour s'en régaler avec les frères.

Le Supérieur d'un autre couvent avait confié à Junipère la charge de la cuisine.

— « Pourquoi, se demande le frère, — pourquoi passer tant d'heures de la journée ici, au milieu des marmites, quand je pourrais consacrer ces heures à l'oraison ? Eh bien ! faisons cuire de quoi nourrir la communauté pendant quinze jours ! »

Aussitôt dit, aussitôt fait ! Il se pourvoit d'énormes récipients et y fait bouillir tout ce qu'il a sous la main : viande, poulets, œufs, pâtes, légumes, sans rien nettoyer ni parer. Et, devant le foyer ardent, Junipère plein de joie, le visage en feu, court d'une marmite à l'autre, en agite le contenu avec un long bâton, car il n'est pas possible de s'approcher d'un tel brasier! On sonne l'heure du repas et notre frère apporte aux religieux une partie de l'étrange menu, en leur souhaitant un heureux appétit. On devine ce qu'il advient : les frères, en dépit des exhortations de leur cuisinier, ne peuvent rien manger; le Père Gardien est déconcerté par une telle extravagance et s'attriste à la pensée de tant de bonnes choses perdues. Alors, Junipère se jette à ses genoux, s'accuse, déclare qu'il a mérité d'être pendu; et tout cela, avec tant d'humilité que le Gardien dit ensuite à ses religieux :

— « Mes bien chers frères, je voudrais que, chaque jour, comme aujourd'hui, notre frère gaspillât autant de biens, s'il nous était donné de les avoir et que nous en retirions la même édification : c'est sa grande simplicité et sa charité qui l'ont fait agir ainsi. »

Junipère avait pour les pauvres une telle compassion qu'il leur donnait généreusement tout ce qu'il avait, jusqu'à ses vêtements, en sorte que les Supérieurs devaient lui en faire la défense afin qu'il ne rentrât point au couvent à moitié nu. Il arriva qu'un jour il rencontra un malheureux qui lui demanda l'aumône.

— « Écoute, lui dit Junipère, je ne puis te donner ma tunique, la seule chose que je possède, parce que l'obéissance me le défend; mais si tu me la prends sur le dos, je n'ai rien à dire. »

Le pauvre ne se fit pas répéter l'invitation et Junipère dut rentrer au couvent sans tunique.

Un autre jour, une pauvre femme se présente à Junipère qui, alors, remplaçait le sacristain et gardait l'église; elle demande l'aumône pour l'amour de Dieu. Le bon frère coupe les franges de la garniture de l'autel qui lui semblaient superflues, et les remet à la mendiante. Le Supérieur Général, de passage en ce couvent, apprend la chose. Il fait venir le coupable, l'admoneste si bel et bien et avec une telle ardeur qu'il y gagne une extinction de voix. Frère Junipère, en toute simplicité, confectionne une excellente bouillie de farine et de beurre et, la nuit venue, la porte au Supérieur. Il frappe à la porte de la cellule, réveille le Père, l'invite à manger cette bouillie qui fera du bien à sa gorge. Le Père s'irrite plus encore : ce n'est pas le moment de venir le troubler pour lui apporter à manger; Junipère n'est qu'un maladroit, un sot, etc., etc... Junipère ne s'émeut pas pour autant. Voyant que ses prières n'obtiennent rien :

— « Mon Père, dit-il, puisque vous ne voulez pas manger, et que cette bouillie a été préparée pour vous, faites du moins quelque chose pour moi : tenez la chandelle pendant que je mangerai cela. »

Et les *Fioretti* ajoutent que le Supérieur, « pieuse et dévote personne », voyant la piété et la simplicité du frère, et que ce qu'il avait fait, il l'avait fait par dévotion, répondit : « Eh bien! puisque tu le veux, nous mangerons ensemble », et ensemble ils mangèrent cette bouillie. Et ils furent réconfortés par la dévotion bien plus que par la nourriture.

N'est-ce pas encore lui, Junipère, qui, aux portes de Rome, afin de s'humilier, se joignit à des enfants pour jouer à la balançoire, en présence de la foule aristocratique de ses dévots admirateurs, accourus au-devant de lui et prêts à le recevoir en triomphe? N'est-ce pas lui qui, dans la même intention, se rend un jour à Assise, pour une solennité, traverse Spolète à moitié nu et à un Gardien qui le reprend sévèrement et l'appelle « fou, opprobre de son Ordre », répond qu'il fera bien de le punir en lui ordonnant de retourner sur ses pas comme il est venu? N'est-ce pas lui enfin, qui, à Viterbe, réussit à se faire passer pour un assassin et, comme tel, se soumet à une cruelle torture?

Combien donc le séraphique Père avait raison de demander pour son Ordre une « forêt de tels genévriers », précisément parce que, malgré ces bizarreries, Junipère était une âme candide, humble, simple, pure, généreuse, riche des vertus les plus héroïques?

Le saint de Padoue.

Avant de clore ce chapitre nous devons parler d'un autre saint qui ne ressemble guère à frère Junipère et n'a point vécu dans la compagnie de saint Francois, mais n'en reste pas moins un disciple très authentique du Poverello. Nous avons nommé Antoine de Padoue.

Il fut le plus grand apôtre de l'Ordre en cette première époque de l'histoire franciscaine, l'un des plus généreux bienfaiteurs du peuple, et un thaumaturge qui semait les miracles sur ses pas.

Qui donc, parmi mes petits amis, ne connaît pas l'aimable saint Antoine de Padoue? Son culte est populaire à ce point que, dans toutes les églises, on retrouve sa gracieuse statue: il est là, recevant entre ses bras l'Enfant-Jésus que la T. S. Vierge lui confie; il est là, tenant à la main un lys; et les pauvres à ses pieds, viennent implorer sa charité.

Bien que disciple du Poverello d'Assise, Antoine n'était pas italien d'origine. Il naquit d'une noble et riche famille de Lisbonne en Portugal, alors que François était dans sa treizième année. Jeune encore, il entra dans l'ordre des Augustiniens; mais un jour que, dans la basilique de Sainte-Croix à Coïmbre, il priait sur le tombeau contenant les restes des premiers martyrs de l'Ordre des Mineurs, il sentit naître dans son cœur sa vocation d'italien et de franciscain. Dieu lui-même le conduisit en cette Italie où chaque pierre, chaque coin de terre est, pour ainsi dire, un monument, une histoire, un poème de la religion et de la civilisation. Le vaisseau qui portait Antoine vers l'Afrique où il se rendait pour évangéliser les Maures et cueillir la palme du martyre, fut poussé par la tempête sur les côtes de Sicile.

A Assise, qu'il voulut visiter, parce que, là, était le berceau de son Ordre, il rencontra saint François qui, aussitôt, l'aima tendrement à cause de sa simplicité, de sa candeur et de son humilité.

En raison même de cette humilité, qui devait être le caractère particulier de son esprit et qui, jusqu'alors, lui avait fait cacher aux yeux de tous les trésors de sagesse qu'il possédait, il fut envoyé dans un ermitage de la Romagne, — au mont Saint-Paul, — et il y demeura jusqu'au jour où un discours qu'il improvisa par obéissance, révéla à ses confrères son génie et son cœur.

Dès lors, Antoine devient, au double point de vue religieux et social, l'apôtre de son siècle en Italie et en France; partout il opère un bien immense, instruit les ignorants, encourage les bons, convertit les pécheurs, soulage la misère des pauvres, condamne les abus des puissants, multiplie les miracles. A Vérone qui gémit sous la tyrannie du trop fameux Ezzelin da Romano, il a le courage d'affronter la colère de ce maître cruel, il lui reproche ses crimes, il le menace de la vengeance du ciel. Il se présente aux banquiers juifs qui exploitent indignement la misère des pauvres et des veuves, et il parvient à faire approuver des lois qui permettront à des milliers de malheureux d'échapper aux griffes des usuriers.

Et partout, mais plus particulièrement à Padoue, qui fut « sa ville » comme Capharnaüm fut la « ville » de Jésus, il multiplie les prodiges pour venir en aide au peuple.

La prédication aux poissons.

Peut-être mes jeunes lecteurs ne savent-ils rien de tout cela; mais certainement, ils ont entendu parler d'un autre miracle qu'Antoine opéra sur le rivage de la mer, à Rimini, pour convertir des hérétiques.

« Mais eux (les hérétiques), devenus de pierre à force d'obstination, non seulement n'acquiescèrent pas à ses saints discours, mais en outre, dédaignaient de l'écouter. Or, saint Antoine, sous l'inspiration divine, s'approcha un jour de l'embouchure du fleuve, tout près de la mer et, se tenant sur le rivage qui était voisin à la fois de la mer et du fleuve, il se mit à appeler les poissons, au nom de Dieu, en manière de prédication..... Et voici que, sur le champ, apparut devant saint Antoine une telle multitude de poissons, petits et grands, que jamais on n'en avait vu de semblables dans ces régions.. Et tous, comme instruits par Dieu, restaient à leur place, sans aucun désordre. Et puis, lorsque l'auditoire se trouva installé en ordre, saint Antoine commença à prêcher solennellement en disant : « O mes frères, les poissons, il convient que vous rendiez beaucoup de grâces à notre Créateur, qui vous a donné pour habitation le plus noble de ses éléments, de façon à vous laisser disposer, suivant qu'il vous convient, des eaux douces et salées. En outre, il vous a offert de multiples refuges, pour vous permettre d'éviter les intempéries des saisons. Et il a étendu au-dessus de vous un élément diaphane et limpide, et vous a préparé des voies où aller, ainsi que des aliments à consommer, afin de pouvoir vivre. Et ces aliments qui vous sont nécessaires, le Créateur plein de bonté vous les fournit même dans les profondeurs de l'abîme. Et vous, dès la création du monde, vous avez reçu de Dieu, avec sa bénédiction, le précepte qui vous exhortait à vous multiplier. Dans le déluge ensuite, pendant que d'autres espèces animales périssaient, vous avez été conservés sains et saufs. Et maintenant, ornés de nageoires et renforcés ainsi, vous courez de toutes parts ainsi qu'il vous plaît. Et il vous a été donné, par ordre divin, de conserver intact un prophète du Seigneur, Jonas, et puis, le troisième jour, de le déposer sur le sol sans aucun dommage Plus tard encore, vous avez offert la monnaie du cens au Seigneur Jésus-Christ, alors que, comme un pauvre, il n'avait pas de quoi payer l'impôt. Vous avez fait partie, par une faveur expresse, du repas du Roi éternel, Notre-Seigneur Jésus-Christ, avant et après sa résurrection. Et, en raison de tout cela, vous êtes tenus de louer et de bénir beaucoup le Seigneur de qui vous avez déjà reçu tant de bienfaits en propre, à la différence des autres animaux. »

« Et en entendant ces paroles et d'autres exhortations semblables, quelques-uns des poissons émettaient des sons de voix, d'autres ouvraient leurs bouches, et tous inclinaient la tête, louant le Très-Haut par tous les signes qu'ils pouvaient employer. Et saint Antoine, réconforté en esprit par cette révérence des poissons s'écriait à voix haute : « Que loué soit le Dieu éternel, de ce que ces poissons aquatiques honorent

Dieu plus que font les hommes infidèles, et de ce que les bêtes sans raison écoutent mieux sa parole que des hommes hérétiques [1]. »

L'évidence d'un tel miracle éclaira ces esprits aveuglés par l'erreur et les hérétiques se convertirent en grand nombre.

Saint Antoine mourut à Padoue, à l'âge de trente-six ans, mais déjà mûr pour le ciel. Les premiers à l'annoncer furent de jeunes enfants de la ville, qui se mirent à courir les rues et les places publiques, en criant : « Le saint est mort! saint Antoine est mort! »

Un an après, il était déjà canonisé, et, sur la tombe de ce modèle de pureté et d'innocence, les peuples reconnaissants ont élevé une basilique splendide qui, avec la basilique du glorieux père d'Antoine, — le Poverello d'Assise, — est une merveille de l'art chrétien.

1. *Fioretti*, traduction de T. de Wyzewa, chap. xl.

V

LA VIE FRANCISCAINE

Le nombre des disciples du Poverello allait toujours croissant. Son Collège religieux était au complet, et le saint, « homme catholique et apostolique », comme l'Église l'appelle dans sa liturgie, comprit le devoir et le besoin de se rendre à Rome pour soumettre à l'examen et à l'approbation du Souverain Pontife la règle de vie qu'il avait rédigée pour lui et pour ses frères.

Aux pieds du Pape.

Innocent III, l'un des plus grands pontifes du moyen âge, occupait alors la chaire de Saint-Pierre. Il n'avait que trente-sept ans lorsqu'il fut élevé à la plus haute dignité de la terre; mais, d'un regard ferme et d'une conscience tranquille, il vit aussitôt la voie à suivre pour assurer la grandeur de l'Église et de sa patrie, et il résolut d'y marcher avec prudence et énergie.

Ce n'est pas ici le moment de raconter tout ce qu'il a fait sans se laisser abattre par les difficultés pour relever le prestige de la papauté, maintenir dans le devoir ses sujets chrétiens et les rois eux-mêmes, rétablir la discipline dans le clergé, combattre les hérésies, développer les sciences religieuses, animer les fidèles à la croisade contre les Turcs qui, sans cesse, menaçaient l'Europe. Ces quelques mots suffiront pour présenter à nos lecteurs l'illustre vicaire de Jésus-Christ, et pour leur faire comprendre devant quel pape l'humble apôtre ombrien allait s'agenouiller afin de lui exposer ses grands desseins de rénovation religieuse et sociale.

Peut-être, chers Amis, avez-vous déjà entendu raconter, peut-être savez-vous l'accueil peu favorable que notre saint rencontra dans sa

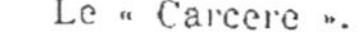

Le « Carcere ».

première audience du pape, bien qu'il eût été chaudement recommandé à la curie pontificale par son évêque Guido II, qui se trouvait alors à Rome. Innocent III voyant l'humble frère à ses pieds et se rappelant, sans doute, les « pauvres de Lyon », — hérétiques dont l'orgueil et les méfaits agitaient encore le Midi de la France, — ne vit dans le Poverello qu'un mendiant ou un fanatique importun et le renvoya sans vouloir l'écouter.

Mais, la nuit suivante, le pape eut un songe mystérieux. Il avait vu, pendant son sommeil, le portail de la basilique du Latran menaçant de s'écrouler et un pauvre mendiant, prenant sous ses yeux une stature gigantesque, soutenant de ses épaules l'édifice chancelant. Dans ce pauvre, il reconnut le Poverello de la veille.

Il le manda donc en sa présence et, cette fois, l'écouta avec la plus grande bienveillance, admirant sa simplicité, son courage, son zèle apostolique, et, malgré l'opinion contraire de quelques cardinaux à qui l'idéal franciscain semblait dépasser les forces humaines, convaincu qu'il s'agissait ici d'un dessein de la Providence, il approuva la règle de vive voix et désigna François comme le chef de sa famille spirituelle. Il voulut qu'on l'ordonnât diacre et que les frères reçussent la tonsure monacale; il les admit lui-même à la profession religieuse, leur accorda le pouvoir de prêcher partout l'Évangile; puis, les embrassant dans toute l'effusion de son cœur, leur donna la bénédiction apostolique.

Ainsi fut officiellement et canoniquement fondé l'Ordre des Frères Mineurs; ainsi, à dater de ce moment, s'appelèrent les Franciscains pour rester, jusque par le nom, des fils du peuple. Sans être encore l'approbation solennelle de la règle, — elle eut lieu plus tard, sous le pape Honorius III, — c'était déjà la bénédiction et comme la consécration donnée par l'Église à la grande institution du séraphique Poverello. François restera toujours parfaitement soumis à cette Église comme à sa Mère et Maîtresse, et bien souvent, au cours de sa vie apostolique, il reviendra en pèlerinage à Rome pour y faire acte de soumission au vicaire du Christ, recevoir ses conseils et ses encouragements

Sainte amitié.

Dans une de ces visites à la métropole du catholicisme, François eut le bonheur de rencontrer une autre âme d'élite, un grand apôtre du xiii° siècle, — Dominique de Guzman, — venu d'Espagne à Rome afin de faire approuver la règle de vie qu'il se proposait de donner aux Frères Prêcheurs.

En cette occasion, les deux saints contractèrent entre eux cette douce et sainte amitié qui devait être la consolation de leur vie et se perpétuer à travers les siècles, entre leurs familles religieuses. Lacordaire a pu dire avec raison : « Le baiser de Dominique et de François s'est transmis de génération en génération sur les lèvres de leur postérité. »

En effet, Frères Mineurs et Frères Prêcheurs se sont, depuis lors, rencontrés bien souvent dans les contrées du monde les plus éloignées, en se prêtant dans leurs travaux une mutuelle assistance ; ensemble ils bâtissaient leurs couvents et allaient mendier aux mêmes portes ; ensemble ils ont versé leur sang pour la défense de la même cause ; du même habit de leurs Tiers-Ordres, ils ont vêtu princes et princesses ; à l'envi, ils ont, de leurs saints, peuplé le ciel ; et, à travers notre globe, ils se sont répandus comme s'étendent et s'entrelacent les vigoureux rameaux de deux arbres du même âge et d'une égale force ; ils se sont acquis, pour les partager entre eux, la bienveillance et l'amour des peuples, comme deux frères jumeaux qui, doucement et en sécurité, reposent leur tête sur le sein de la même mère ; et le même chemin les conduisait au même créateur, tels deux parfums qui, gracieusement s'élèvent vers le même point du ciel (Lacordaire).

En pèlerinage vers l'Ombrie.

Après avoir visité une dernière fois les catacombes des martyrs et prié sur le tombeau des saints apôtres, François et ses frères reprirent le chemin d'Assise. On était en plein été et ce voyage fait pieds nus, sur le sol poussiéreux et brûlant de la Campagne romaine, la tête rase sous les ardeurs de la canicule, pouvait être désastreux. Mais la joie que leur donnait l'approbation reçue était telle, elle inondait si bien leur âme et leur cœur, qu'ils ne s'apercevaient de rien, ne s'inquiétaient de rien. Cependant, la chaleur, l'oppression causée par l'air embrasé, la soif rappelèrent nos pèlerins à la réalité des choses.

Lorsque, se réveillant comme on se réveille d'une extase, ils se virent perdus dans la plaine immense et déserte, sans la moindre végétation, sans l'ombre même d'une cabane, sans le moindre filet d'eau, les forces leur manquèrent et le découragement s'empara de leur âme. En cette heure tragique, ils se tournèrent vers Dieu, le suppliant de venir en aide à leur détresse. Et voici qu'un ange, sous la figure d'un chevalier, se présente à eux, leur offre du pain et de l'eau, leur indique le chemin le plus court pour sortir de ce désert, les réconforte par ses paroles pleines de douceur et de charité. Les pauvres pèlerins sont touchés de ce secours inespéré ; ils versent des larmes de joie et ils remercient le Seigneur qui a daigné les secourir d'une façon si prodigieuse, promettant dans leur cœur de ne jamais douter de la Providence divine et de rester toujours fidèles à leur idéal.

Dans la cabane de Rivortoto.

Rentrés enfin en Ombrie, ils poursuivirent leur route, en mendiant, jusqu'à la plaine d'Assise, et s'arrêtèrent dans un pauvre ermitage appelé Rivortoto, à quelques kilomètres de la Portioncule. En ce lieu solitaire, dans ce sanctuaire dédié à dame Pauvreté, comme dans les cabanes de Sainte-Marie-des-Anges, comme dans tous les ermitages franciscains, ils passèrent les jours les plus beaux de leur existence. Voici comment les principaux biographes parlent de cette vie de famille.

« Heureux d'être ensemble, — disent les Trois Compagnons, — ils oubliaient dans la douceur de leur union les mauvais traitements des hommes pervers. Ils étaient tous les jours appliqués à l'oraison et au travail manuel ; leur grand souci était d'éviter entièrement l'oisiveté, si fort ennemie de l'âme. Ils se levaient à minuit et priaient très dévotement, souvent avec larmes et soupirs. Ils s'aimaient de tendre affection et s'entr'aidaient avec tant de désintéressement et d'empressement, qu'une mère n'a pas plus d'attention pour un fils unique et chéri... Ils étaient tellement fondus en humilité que chacun vénérait son frère comme il eût fait son père et son seigneur, que ceux qui étaient plus élevés en dignité ou avaient quelque distinction n'en devenaient que plus prompts à se mettre au-dessous des autres. Toute leur ambition était d'obéir ; ils se tenaient si bien dans la main de leur Supérieur qu'ils ne distinguaient pas entre ce qu'il avait ou n'avait pas le droit de leur commander, regardant ses ordres comme ceux de Dieu même et mettant leur joie à les accomplir [1]. »

On voit donc, d'après ce témoignage autorisé, que, dans les premiers temps de l'Ordre, la vie des Frères était une vie toute de piété, de simplicité et de joie.

Il est bon, cependant, de faire remarquer à nos petits amis, — et les biographes eux-mêmes signalent ce point, — que le saint et ses frères ne se consacraient pas exclusivement à la prière, et que, dans la journée, ils sortaient de leurs cellules ou de leurs grottes et allaient aider les

---

1. Cité par l'abbé Le Monnier, *Histoire de S. François d'Assise,* chap. VI.

paysans dans les travaux des champs. A titre de récompense, ils ne demandaient que le strict nécessaire pour leur entretien, et c'est seulement lorsque cette modeste rétribution restait insuffisante qu'ils tendaient la main et sollicitaient l'aumône. Ils veillaient d'ailleurs avec le plus grand soin à ne pas se laisser distraire par ces occupations extérieures et à conserver le recueillement et l'esprit de piété. Ils mettaient tout leur zèle à pratiquer les vertus les plus simples et les plus sublimes, pour atteindre le plus tôt possible la perfection séraphique.

La joie séraphique.

François lui-même, par ses paroles et par ses exemples, formait ses fils spirituels à la conquête et à la pratique de toutes ces belles vertus qui sont la substance de l'idéal franciscain. Mais il voulait qu'en s'appliquant à l'exercice de la perfection évangélique, ils eussent aussi une autre vertu qui plaît beaucoup à la jeunesse et qui reste un des plus beaux caractères de l'esprit de notre saint : nous avons nommé la vertu de la joie, de la joie séraphique.

Avec tous et en toutes choses, François était toujours content, toujours joyeux, avec Dieu, avec lui-même, avec les autres. *Thomas de Celano* nous affirme que le saint était très aimable, d'une nature tranquille, affable dans ses paroles, gracieux dans ses manières ; son visage, ajoute-t-il, respirait toujours la bénignité ; on y lisait la sérénité, la joie, jamais la tristesse ou la mélancolie. Les Trois Compagnons nous ont laissé le même portrait de François. « Sa douceur exquise, reprend saint Bonaventure, ses manières pleines d'élégance, sa longanimité, son incomparable affabilité, une générosité qui donnait sans compter, tout cela était et la révélation d'un heureux naturel et le prélude des bénédictions qui l'attendaient [1]. »

Cette joie, il la garda toujours, même aux heures les plus critiques de sa vie. Pour conserver cette sérénité ou la retrouver aussitôt quand elle courait risque d'être troublée, il employait parfois des moyens enfantins et assez bizarres : on le vit par exemple, prendre un morceau de bois, l'appuyer sur son bras comme on fait un violon, et, de la main droite, promener sur ce singulier instrument, un second morceau de bois en guise d'archet ; et alors, il dansait et chantait en langue française.

Il voulait donc voir en ses frères cette même joie. Il leur montrait en

____
1. Cité par Le Monnier (voir sur l'original le reste), chap. XVII.

elle un remède contre tous les ennemis; il avait coutume de répéter que le démon triomphe surtout quand il obtient qu'un serviteur de Dieu perde la joie de l'âme. Aussi appelait-il la tristesse « le mal babylonien » faisant allusion à la Babylone qu'il avait quittée — le monde. C'est à ceux qui appartiennent au démon de marcher tête basse et le visage triste! — disait-il. A nous, il convient d'être toujours joyeux et d'exulter dans le Seigneur. Et — ajoutait-il dans son enthousiasme lyrique, — nous autres, Frères mineurs, sommes-nous autre chose que les chantres, les ménestrels, les jongleurs du bon Dieu, destinés à réconforter le cœur des hommes et à leur donner la joie spirituelle?

Voilà pourquoi, dans la règle, il disait : « Que les frères se gardent de jamais se montrer sombres, tristes et chargés de nuages, comme des hypocrites; au contraire, qu'on les trouve en tout temps joyeux dans le Seigneur, gais, aimables et gracieux comme il convient. »

Il voulait qu'ils fussent tels à tout moment et dans toutes les circons-tances de la vie. Un jour, il rencontra un frère qui revenait de quêter, la besace sur l'épaule, et chantait joyeusement. Le saint court à lui, l'embrasse, s'empare de la besace et la porte au couvent; et à tous ceux qu'il trouve sur son chemin :

— « Voilà dit-il, comment je veux que mes frères aillent à la quête et en reviennent — louant Dieu dans la joie. »

Une autre fois au contraire, il voit un religieux dont le visage respire la tristesse. Aussitôt il l'interroge :

— « Mon frère, as-tu péché? » — et sans attendre la réponse il ajoute : « Si tu as à regretter quelque faute, va dans ta cellule; là, gémis, pleure devant le ciel, c'est bien! mais ici, en ma présence et en présence de tes frères, prends un visage content et heureux parce qu'il ne convient pas qu'un serviteur de Dieu ait cette mine allongée et triste! »

Une singulière leçon.

Mais, en cette question de la joie qu'il faut toujours garder, l'épisode le plus connu et le plus caractéristique de l'esprit de saint François est l'épisode de frère Léon. Ce trait, vous l'avez certainement lu, mes chers amis, dans quelque anthologie ou peut-être dans le texte même des *Fioretti*. Laissez-nous cependant, le rapporter ici dans toute sa simplicité afin de mieux comprendre la leçon pratique qu'il contient.

Un certain jour d'hiver, saint François se rendait de Pérouse à Sainte-Marie-des-Anges; et le frère Léon allait avec lui, et le froid les affligeait très cruellement. Or,

saint François appela le frère Léon qui marchait un peu en avant de lui, et lui dit :
« O mon frère Léon, si même les frères donnaient un grand exemple de sainteté et
d'honnêteté, et de bonne édification, cependant inscris sur tes tablettes, c'est-à-dire
note-le avec grand soin : ce n'est pas en cela que consisterait la joie parfaite. » — Et
puis, après avoir fait quelques pas, il le rappela de nouveau et lui dit : « O mon frère
Léon, quand bien même un frère mineur rendrait la vue aux aveugles, remettrait sur
pied les paralysés, rendrait l'ouïe aux sourds, la marche aux boiteux, et la parole aux
muets, ressusciterait un homme mort depuis quatre jours, mets-toi bien par écrit que
ce n'est pas en cela que consiste la joie parfaite. » — Puis l'ayant appelé de nouveau,
il lui dit : « O mon frère Léon, quand bien même un frère mineur connaîtrait la
langue de toutes les nations, et toutes les sciences et écritures, quand bien même il
saurait prophétiser et révéler non seulement les choses futures mais encore les secrets de la conscience et des âmes, inscris-toi bien que ce n'est pas là que se trouve la
joie parfaite. » — Puis, après qu'ils eurent marché encore un peu, il le rappela une
fois de plus : « O mon frère Léon, petite bête du bon Dieu, quand bien même le frère
mineur parlerait la langue des anges, et connaîtrait le cours des astres et les vertus
des herbes, et posséderait la révélation des trésors enfouis en terre, et si même il comprenait les vertus et propriétés des oiseaux et poissons, des animaux, des hommes, des
racines, des arbres, des pierres et des eaux, note bien et n'oublie pas que la joie parfaite n'est pas encore dans tout cela. » — Puis, au bout de quelques instants, il l'appela
encore : « O mon frère Léon, quand bien même le frère mineur saurait prêcher si
éloquemment qu'il convertirait à la foi tous les infidèles, aie soin de mettre par écrit
que ce n'est pas encore en cela que réside la joie parfaite. » — Et ainsi, cette manière
de parler se prolongea bien pendant deux milles. Or, le frère Léon extrêmement
étonné de tout cela, dit enfin : « Mais, mon père, je t'en prie, pour l'amour de Dieu,
dis-moi donc où se trouve la joie parfaite ? »

A quoi le saint répondit en disant : « Tout à l'heure, lorsque nous parviendrons à
Sainte-Marie-des-Anges, tout trempés de pluie et gelés de froid, tout souillés de boue
et tourmentés de faim, et que nous sonnerons à la porte du couvent, s'il arrivait que
le portier vint vers nous d'un air furieux et nous dît : « Qui êtes-vous ? » A quoi nous
répondrons : « Nous sommes deux de vos frères. » Mais lui, au contraire, nous dirait :
« La vérité est que vous êtes deux ribauds qui vous en allez de tous côtés par le
monde, ravissant les aumônes des pauvres. » Et puis, il refuserait de nous ouvrir,
mais nous ferait rester dans la neige et dans l'eau, et dans le froid et la faim jusqu'à
la nuit; et nous alors, si nous réussissons à supporter patiemment, sans trouble et
sans murmure, tant d'injures et de rebuffades, et que, humblement et charitablement,
nous pensions que ce portier nous connaît vraiment tels que nous sommes, et que
c'est Dieu lui-même qui excite sa langue contre nous, ô mon frère Léon, inscris bien
ceci : « C'est en cela que consisterait la joie parfaite ». — Et puis, que si nous persis-
tions à frapper, et que ce portier en fût exaspéré comme contre des importuns, et se
mît rudement à nous rouer de coups, en nous disant : « Voulez-vous, bien vite, vous
sauver d'ici, sale racaille, et vous en aller à l'hôpital ! car enfin, qui donc êtes-vous ?
Vous n'aurez absolument rien à manger ici, » — et que si nous subissions patiemment
encore tout cela, et recevions ces injures de tout notre cœur, avec amour, ô mon
frère Léon, inscris bien que c'est là que serait la joie parfaite... Et que si, ensuite,
tourmentés par une faim pressante, affligés du froid et voyant la nuit toute proche,
nous nous remettions à frapper, et à appeler, et à supplier en pleurant qu'on daignât
nous ouvrir, et qu'alors cet homme, enragé, s'écriât : « Voilà, par exemple, des créa-

tures insolentes et effrontées ! Mais je saurai bien les faire tenir tranquilles ! » Et puis que, sortant avec un gourdin noueux et nous saisissant par le capuchon, il nous jetât à terre, dans la boue et la neige, et nous frappât si fort du susdit gourdin qu'il nous couvrît de plaies de la tête aux pieds, et que, si nous acceptions avec joie ces injures et ces coups, en songeant que nous avons le devoir de subir avec patience les peines que nous inflige le Christ bienheureux, ô mon frère Léon, alors nous connaîtrions la joie parfaite. Et maintenant, frère Léon, écoute la conclusion : « Entre toutes les grâces du Saint-Esprit que le Christ a accordées et données à ses amis, il n'y en a point de plus précieuse que de se vaincre soi-même et de supporter volontiers tous les opprobres pour le Christ et pour l'amour de Dieu. »

Voilà comment le Poverello nous révèle le secret de la joie parfaite; comment il nous en indique les sources.

Zèle de l'apostolat.

François, cependant, ne voulait point, pour lui-même et pour ses Frères, qu'on se contentât de travailler à la sanctification personnelle; il voulait qu'on songeât également au salut du prochain. Et ce zèle des âmes est, lui aussi, un trait caractéristique de son esprit et de ses institutions. On peut dire que, jusqu'alors, les fondateurs des Ordres monastiques s'étaient préoccupés seulement de dicter des lois pour la sanctification de leurs religieux, qui vivaient dans le silence du cloître ou dans la solitude du désert, et se bornaient à prier pour le prochain. François, au contraire, ne veut pas vivre uniquement pour lui, — comme le remarque Thomas de Celano, — il veut vivre pour les autres, et il inspire à ses fils le zèle de l'apostolat.

Un jour, il est vrai, il fut tenté de se retirer dans la solitude, loin du monde et de ses dangers; mais, réconforté par la prière et par les conseils de frère Silvestre, et de sœur Claire, il surmonta cette tentation. Dès lors, plus que jamais, il fut apôtre par la parole, par l'exemple, par la prière, évangélisant les villes et les bourgades, les montagnes et les vallées, en quête de frères à convertir, d'âmes à sauver. Un jour, montrant la croix à ses disciples, il leur ordonna d'aller, eux aussi, à son exemple, à travers le monde pour y annoncer l'Évangile.

Et les frères partent deux à deux, parcourant les campagnes, gravissant les monts, traversant les villes et les villages, explorant les bois, partout où ils ont l'espoir de faire quelque bien. Pour tout vêtement, ils ont une grossière tunique, usée et rapiécée; pour tout bagage, leur bréviaire. Ils n'ont point d'argent et ils ne veulent pas en avoir; point de puissants protecteurs, leur unique trésor c'est Dieu; Dieu seul est leur force et leur espérance. Rencontrent-ils un prêtre, qu'il soit riche ou pauvre, ils le saluent dévotement par une profonde révérence. S'ils passent devant une église ou une croix, ils regardent ce lieu comme la maison du Seigneur; s'il y a un tabernacle, ils se prosternent la face contre terre et ils disent la prière que leur maître leur a enseignée :

« Nous vous adorons et nous vous bénissons, ô Christ, qui résidez dans toutes les églises du monde entier, parce que vous avez racheté le monde par votre sainte croix. »

A ceux qu'ils croisent sur leur route ou qu'ils abordent dans les maisons, ils souhaitent d'abord la paix; ils s'emploient à apaiser les discordes, à calmer les haines, à réconcilier les ennemis, à convertir les âmes au bien, à la charité, à la pratique des vertus. Les écoute-t-on, leur parole produit-elle quelque fruit, ils en rendent grâces à Dieu; sont-ils repoussés, maltraités, insultés, ils ne s'en offensent point; ils répondent aux injures par des paroles d'affection, aux malédictions par des bénédictions, et ils se retirent en priant Dieu pour ceux qui n'ont pas voulu les écouter.

Les insultes des méchants.

Voici, sur ce point, quelques témoignages irrécusables. Nous les empruntons aux *Trois Compagnons* :

« Quiconque les voyait, était grandement étonné, tellement leur vêtement et leur genre de vie paraissaient étranges. On les prenait pour des sauvages... Les uns s'attardaient volontiers à les écouter; d'autres se moquaient d'eux ou les accablaient de questions : D'où êtes-vous, comment vous appelez-vous? d'où venez-vous? à quel Ordre appartenez-vous? que voulez-vous? Certains disaient : « Ce sont des fous! » et ne voulaient pas les introduire chez eux, craignant que, dans la nuit, ils ne s'échappassent après avoir pillé et volé. Les femmes surtout et les enfants s'enfuyaient à leur apparition, redoutant quelque accès de folie. » Ou encore, — comme il advint à frère Bernard et à frère Egidius, dans la ville de Florence, — on essayait de les dépouiller de leurs vêtements, on les invitait à jouer aux dés et aux cartes, on leur jetait de la boue et des immondices, on les tirait par leur capuchon, on les portait sur les épaules comme des sacs de farine...

Et les frères montraient une patience et une charité admirables. Donnons-en un exemple, entre beaucoup d'autres. Un jour, deux de ces héroïques pèlerins s'en allaient à travers les campagnes, exerçant leur apostolat. Quelques méchants jeunes gens, les voyant si pauvrement vêtus, se mettent à les insulter et vont même jusqu'à lancer des pierres contre l'un des deux voyageurs. Les frères, sans répondre une seule parole, supportent les injures et les coups, mais voici qu'une lutte étrange s'engage entre eux : chacun d'eux veut, de son corps, protéger son frère et s'exposer aux coups des assaillants. Que feraient en pareil cas mes petits lecteurs? « On les traitait ainsi, concluent les biographes, — parce qu'on les jugeait assez timides pour qu'il fût permis de les attaquer sans danger. Et les frères eurent beaucoup à souffrir de la faim, du froid, de la nudité. Mais, suivant les enseignements du bienheureux François, ils supportaient tout avec patience et humilité, sans trouble, sans tristesse, sans maudire leurs persécuteurs; pénétrés de la loi évangélique, ils voyaient là l'occasion d'un gain précieux, ils se réjouissaient dans le Seigneur, et s'estimaient heureux de rencontrer les tribulations et les épreuves; alors, dociles à la parole de l'Évangile, ils priaient pour ceux qui les persécutaient. »

Cependant, tant de vertu et d'héroïsme ne pouvait manquer de toucher les âmes. Les témoins de l'humilité des frères, de leur patience, de leur charité, se sentirent touchés, se repentirent de leur erreur et demandèrent leur pardon. Plusieurs même se décidèrent à quitter le monde pour suivre leur exemple et entrer dans l'Ordre.

Et ainsi, la petite phalange des disciples du séraphique Père, des humbles pénitents d'Assise, des pauvres Frères Mineurs, se recrutait d'année en année, si bien qu'en 1221, à l'occasion du fameux Chapitre des Nattes, cinq mille frères se réunissaient dans la plaine de Sainte-Marie-des-Anges, à côté de la Portioncule, — armée immense qui devait s'accroître encore au cours des siècles, toujours prête à livrer les glorieux combats et à remporter, pour le bien de la patrie et de l'humanité, les plus beaux triomphes de l'esprit de Jésus-Christ sous l'étendard de saint François, le grand gonfalonier de Jésus-Christ.

VI

CLAIRE ET SES SŒURS

La vie séraphique dont François et ses humbles frères donnaient ainsi l'exemple, offrait à tous les regards un spectacle trop beau pour ne point ravir non seulement les hommes, mais encore les femmes dont la nature est, d'ailleurs, plus portée à la piété.

Les femmes chrétiennes.

Aussi bien que l'homme, la femme a le devoir de tendre à la sainteté, puisqu'elle est appelée à la même béatitude. Il n'y a qu'une seule différence, et elle se trouve dans le genre de travail spirituel, imposé d'une manière générale à tous les chrétiens, mais qui varie selon les missions diverses que la Providence confie à chacun dans sa propre sphère. Donc, à chacun sa récompense particulière, dans la mesure du travail accompli pour le complet triomphe du bien ; et, tous, nous participons au mérite des autres, grâce à cette loi mystérieuse de la solidarité qui unit entre elles toutes les âmes et qui, dans la langue chrétienne, se nomme la Communion des Saints, dogme si consolant de notre foi.

Voilà pourquoi Dieu qui agrée et récompense les efforts des intrépides missionnaires se dévouant, dans leur patrie, à la conversion de leurs frères, ou traversant les mers et les déserts pour évangéliser les infidèles, agrée et bénit également la prière d'une humble Sœur, cachée au monde dans la clôture de son couvent. Voilà pourquoi le Seigneur répand ses bénédictions et sur ses serviteurs qui, dans l'agitation du monde travaillent et combattent publiquement pour le salut du prochain, et sur toutes les âmes qui s'immolent dans un sacrifice silencieux et qui, trop souvent, se voient dédaignées et comptées pour rien.

Aussi, entre l'Ordre des Frères Mineurs et celui des *Pauvres Dames*, y a-t-il un lien indissoluble : tous deux ils sont la descendance spirituelle de deux âmes d'élite : ils restent unis entre eux dans la flamme la plus pure de l'amour de Dieu, dans la soif d'abnégation pour leurs frères, dans la pratique des plus nobles vertus de la vie chrétienne.

Une figure céleste.

En ces pages consacrées au Poverello et adressées à la jeunesse, nous ne pouvons laisser dans l'ombre la plus pure et la plus belle des âmes qui forment la couronne de François, — celle qui fut « la petite plante spirituelle de son cœur », — suivant l'expression de Thomas de Celano — l'élève, la sœur, l'amie la plus intime de notre saint, sa consolatrice la plus précieuse dans ses œuvres apostoliques. Connaître cette douce créature du ciel, ce sera mieux comprendre l'esprit séraphique de François.

Pour nous représenter l'âme de sainte Claire, il suffit, en regardant son image de penser à son nom — comme le fait remarquer son ancien biographe — *Clara Luce Clarior*, Claire plus claire que la lumière : de toute sa personne émane une impression de lumineuse sérénité, dans le sourire de ses lèvres, dans la candeur du regard, dans la douceur du visage. C'est la pureté, la joie, la paix.

Donnons-lui tous les charmes de la jeunesse en fleur, ceignons son front d'une couronne de blonds cheveux au reflet d'or ; remplaçons cette grossière tunique par une riche parure aux couleurs éclatantes, — et nous aurons la fille du comte Scifi, celle qui est l'orgueil de sa mère, le trésor de son père, le charme d'Assise. Songeons à sa haute naissance, à sa richesse, aux honneurs qui l'entourent dans sa famille, — une des plus illustres de la ville, — et alors nous comprendrons mieux qu'en la voyant passer, nobles dames et brillants cavaliers l'admirent, l'envient et lui présagent un splendide avenir.

Mais ne l'oublions pas : sous cette riche parure se cache un rude cilice. Cette jeune fille privilégiée subit déjà l'attrait du plus sublime idéal ; elle a divinement soif d'un amour plus pur et plus généreux que tous les amours de la terre. Voilà pourquoi à travers cette foule qui ne recherche que les fêtes mondaines où elle veut l'entraîner, Claire passe, pure et dédaigneuse, les yeux baissés, le cœur aspirant au ciel, insensible aux appels de l'orgueil, du plaisir et de la vanité.

Innocence angélique.

Dans l'histoire de cette âme, il n'est rien qui ressemble à la conversion de François. Nous avons vu comment le Poverello a passé, dans la dissipation et les jeux, les plus belles années de sa jeunesse. Bien que des fautes graves n'aient jamais souillé la pureté de son âme, il n'avait pas alors de grands mérites devant le Seigneur qu'il oubliait presque pour caresser des rêves d'honneur et de gloire. Il n'en a pas été ainsi pour Claire, dont Thomas de Celano nous redit en quelques traits heureusement choisis l'enfance et la jeunesse. « A peine née, dit-il, dès sa plus tendre enfance, elle commença à régler sa conduite et à se montrer toute belle et lumineuse. Sa mère l'instruisait dans la crainte du Seigneur, et Claire croissant, la piété croissait toujours en son cœur; elle avait grande sollicitude et charité pour les pauvres, elle aimait beaucoup la prière; sa piété grandissait sans cesse et répandait autour d'elle un doux parfum. » Le biographe nous parle ensuite de son obéissance, de sa modestie, de ses mortifications, de sa ferveur; il met ainsi sous nos yeux le plus parfait modèle de la jeune fille chrétienne.

Mais c'était trop peu, encore, pour l'angélique Claire : elle était appelée à une vocation plus haute, à une vie plus sainte, à un plus héroïque sacrifice.

En écoutant le Poverello.

Elle avait à peine dix-huit ans lorsque, durant un carême tout entier, il lui fut donné d'entendre l'ardente parole du jeune apôtre, son concitoyen, François, qui prêchait alors en l'église de San Giorgio. François avait embrassé la vie nouvelle de la perfection évangélique depuis trois ans seulement; mais, déjà, la renommée de sa sainteté s'était répandue partout, et son nom était sur toutes les lèvres.

Sa prédication inspirée, son magnifique exemple, ses continuelles exhortations à renoncer aux biens du monde pour suivre la pauvreté de Jésus-Christ, trouvèrent un profond et fidèle écho dans le cœur de la jeune comtesse Scifi. Claire voulait témoigner à son Dieu toujours plus d'amour; elle était lasse des pauvres joies du monde; elle éprouvait un véritable dégoût pour l'avenir que ses parents ambitionnaient pour elle et que ses amis lui souhaitaient : un riche mariage avec un noble baron ou un puissant feudataire.

Lors donc que son cœur était inquiet et que son âme hésitait, se deman-

Sainte Claire (Simone Martini).

dant quelle voie elle devait suivre pour satisfaire ses aspirations, la parole de François lui apporta la lumière et elle résolut de se laisser guider par lui.

Elle lui ouvrit son âme en toute confiance et lui révéla son idéal, ses désirs, ses espérances. Pensez, chers lecteurs, quelle dut être la joie du Poverello! Cette noble jeune fille, qu'il connaissait certainement de vue et de réputation, elle avait l'héroïsme de se déclarer prête à suivre à la lettre ses conseils, abandonnant le monde pour servir Dieu! La rare perspicacité de François, peut-être aussi une inspiration directe du ciel, lui donnèrent la certitude que Claire parlait sincèrement, et que sa résolution était irrévocable. Il ne la renvoya donc point aussitôt; il ne la détourna pas, comme on le fait trop souvent, d'une détermination qui exige des sacrifices; tout au contraire, il lui montra la noblesse et la beauté de cette vocation; il insista surtout sur l'excellence de la virginité; et lui conseilla de se garder pure afin de pouvoir se consacrer entièrement à Jésus,

La palme de la victoire.

Cette consécration eut lieu peu de temps après, et la forme en fut aussi touchante que solennelle.

C'est le dimanche des Rameaux, en l'an 1212. D'accord avec son saint ami, Claire sait que la nuit suivante commencera pour elle une vie nouvelle. Elle se rend à l'église avec sa mère et ses sœurs : telle une fiancée qui se pare pour le jour de ses noces, elle a, sur le conseil de François, revêtu ses plus beaux habits de fête. L'évêque a bénit les palmes et chacun s'avance vers l'autel pour recevoir la sienne. Claire ne quitte point sa place, absorbée par la prière, un peu triste à la pensée que, pour la dernière fois, elle assiste à l'office divin dans cette église où le Bien-Aimé de son cœur lui a fait goûter tant de joies intimes. Et voici que le saint évêque, sachant quel pas décisif la jeune fille va bientôt franchir, veut l'encourager; il descend de l'autel, s'approche et lui met entre les mains le rameau, symbole du prochain triomphe.

Ce touchant épisode ne vous rappelle-t-il point un trait semblable de la vie du Sauveur, chers lecteurs? Jésus entrait dans Jérusalem, dans la malheureuse ville qui, peu de jours après, devait être le théâtre de sa sanglante Passion, et la foule enthousiaste portait des rameaux d'olivier allant au-devant de lui comme au-devant d'un triomphateur. De même, pour la jeune vierge d'Assise, l'heure du sacrifice non sanglant approchait.

La nuit est venue. Claire, tremblante, accompagnée de quelques personnes fidèles, se prépare à quitter le château paternel. Dans la crainte d'être vue et arrêtée, elle ne veut point sortir par la grande porte, mais par une poterne qu'elle connaît. Elle la trouve fermée; elle ne perd pas courage; elle se met en prière et réussit à s'ouvrir un passage.

Libre maintenant de courir aux noces de l'Agneau sans tache, elle descend dans la plaine et gagne Sainte-Marie-des-Anges. La nuit est belle; au ciel les étoiles scintillent, le silence est profond. Les frères guidés par François, viennent en psalmodiant à la rencontre de Claire, et les cierges qu'ils tiennent à la main, jettent sur le bois qui entoure la petite chapelle, une mystérieuse lueur.

Vêture religieuse.

Pour bien comprendre et mieux goûter la scène qui va se passer sous nos regards, il est bon de réfléchir un instant.

Voilà donc une jeune fille, — de votre âge peut-être, — qui a laissé son père, sa mère, ses sœurs, sans même donner le baiser d'adieu à ceux que, probablement, elle ne reverra jamais. Elle a quitté une riche demeure, où rien ne lui manquait, où ses moindres désirs étaient prévenus; elle la quitte pour s'enfermer dans une pauvre masure où le nécessaire lui fera peut-être défaut. Elle n'a aucune expérience des difficultés de la vie, puisqu'elle n'a jamais eu à se préoccuper du lendemain; et seule, dans sa faiblesse, elle court vers l'inconnu. Combien en est-il parmi vous qui auraient assez de courage, assez de confiance en la Providence, assez de générosité pour répondre ainsi à l'appel du Seigneur?

Et maintenant, Claire s'est agenouillée devant l'autel de la pieuse chapelle de Sainte-Marie-des-Anges. Ses vêtements de soie ont été remplacés par une robe de bure; ses élégantes chaussures par des sandales de bois; elle n'a plus ni collier, ni bijoux; une corde grossière ceint sa taille, pour lui rappeler à chaque instant qu'elle a juré une fidélité éternelle à l'obéissance, à la pureté, à la pauvreté en Jésus-Christ. Une seule parure lui restait encore, — la magnifique parure de ses cheveux, que lui enviaient ses compagnes, et dont sa mère était si fière. Cette parure tombe sous les ciseaux de François et, sur la tête de Claire, le Poverello jette un voile épais. Le sacrifice est consommé. Le deuxième ordre de Saint-François, celui des Pauvres Dames est fondé.

Claire passa les premiers jours de sa vie nouvelle dans le monastère des Bénédictines de Saint-Paul. A peine ses parents connurent-ils sa retraite, qu'ils accoururent ; mais ni les prières, ni les menaces ne purent toucher l'héroïque vierge, résolue de garder à tout prix les vœux qu'elle avait prononcés.

La sœur Agnès.

Toutefois, pour plus de sécurité, François la transféra dans un autre couvent de Bénédictines, à peu de distance d'Assise. Elle y fut rejointe par sa sœur Agnès, plus jeune qu'elle, qui eut à subir les mêmes obstacles de la part de sa famille, et en triompha glorieusement.

Voici ce que raconte l'histoire. Lorsque les parents d'Agnès se trouvèrent en face d'elle et la virent décidée à suivre l'exemple de sa sœur, ils recoururent d'abord à de bonnes paroles, puis à des menaces. N'obtenant rien, ils employèrent la violence. L'un la tire par les cheveux ; l'autre la frappe à coups de pied et de poing ; d'autres enfin l'enlèvent et l'entraînent à travers la campagne. Agnès ne cesse de protester qu'elle ne veut point abandonner sa sœur, ni renoncer à sa vocation. Elle appelle Claire à son secours. Dans l'impuissance de venir à son aide, Claire se met en prières, demandant au Seigneur de soutenir la pauvre enfant dans cette lutte odieuse. Et voilà que tout à coup le corps de la jeune fille devient ferme, immobile, comme autrefois celui de sainte Lucie. Plusieurs hommes unissant leurs efforts ne peuvent la soulever de terre.

Alors un de ses oncles, nommé Monaldo, qui désirait fiancer Agnès à l'un de ses fils, entre en une sorte de rage. Il lève le bras pour la frapper et le bras reste paralysé, et la main laisse tomber l'arme homicide. A la vue de ce nouveau prodige les parents comprennent qu'ils doivent renoncer à leur dessein ; mais, au lieu de se plier docilement à la volonté de Dieu ils s'en vont ; répétant : « Agnès aura mangé du plomb toute la nuit. Voilà pourquoi elle est si lourde. »

C'est ainsi que des âmes qui voulaient résister à la grâce de Dieu en refusant la lumière d'en haut, se condamnaient elles-mêmes à l'aveuglement. Après s'être montrés cruels ces ingrats tombaient dans le ridicule. Et d'ailleurs, pourquoi tant de colère contre la faible enfant? Si Claire et Agnès avaient consenti à un mariage, toute la famille les aurait approuvées et le monde aurait applaudi. Et parce qu'elles veulent consacrer à Dieu leur jeunesse et se lier à lui par des vœux, tous s'indignent et se liguent contre elles.

Dans le cloître de Saint-Damien.

Claire et Agnès n'étaient plus seules maintenant; leur exemple avait été suivi. Alors François conduisit les sœurs à Saint-Damien, Il accomplissait la parole qu'un jour il avait dite lui-même, lorsque restaurant la chapelle du Crucifix dont la voix s'était fait entendre, il déclarait que ce lieu deviendrait un couvent de Sœurs.

S'il vous est donné plus tard d'aller en pèlerinage à Assise, chers lecteurs, ne manquez pas de visiter Saint-Damien : c'est là que le cœur du pèlerin franciscain goûte une paix céleste. L'heureux berceau des Clarisses, confié aujourd'hui à la garde des Frères Mineurs, a conservé tout l'aspect de la pauvre demeure de jadis. Les murailles noircies de la petite église, le dallage disjoint, les bancs endommagés du chœur, la nudité des vieux murs du réfectoire, l'humble dortoir, le minuscule jardin encore fleuri, ces frères qui ont remplacé les sœurs, tout contribue à susciter la douce, la suave figure de notre sainte; on croit la voir passer dans ces corridors étroits, une clochette à la main, pour appeler ses sœurs à la prière.

Demandons-lui de s'arrêter un instant auprès de nous. Qu'elle nous permette de plonger nos regards jusqu'au fond de son âme pour y retrouver les précieux trésors de sa sainteté; nous verrons qu'elle fut une Vierge s'immolant dans le sacrifice, une Mère pleine de tendresse, une Amie d'une incomparable fidélité.

Vierge immolée dans le sacrifice! Oui, puisqu'elle a consacré sa vie à réparer les offenses faites à Dieu, — non point par elle, certes, — à les expier par des pénitences à peine croyables, qui consumaient son corps et donnaient à l'âme toujours plus de lumière et de force. Et la merveille était que, dans les mortifications les plus dures, dans les renoncements les plus héroïques, dans les macérations les plus douloureuses, elle sut, à l'exemple de saint François, conserver tant de sérénité, tant de joie qu'elle communiquait cette joie et cette sérénité à son entourage. Pour elle, comme pour François, nous trouvons le secret de cette merveille dans l'esprit d'oraison. De même que François, elle aimait avec tendresse et passion le divin Sauveur et passait de longues heures devant Jésus présent sur nos autels. Pour lui elle avait tout abandonné; de lui, elle recevait les bénédictions les plus abondantes, les plus douces consolations de l'extase.

Elle fut une Mère très tendre. Est-il un enfant qui ne comprenne la

Église Saint-Damien. — Petit chœur de Sainte-Claire.

valeur de ces mots? Est-il possible de n'aimer pas sa mère, de ne pas l'entourer de vénération, de ne point la bénir mille et mille fois? Pourquoi? Parce qu'une mère est tout pour nous. Eh bien! Sœur Claire avait toutes les qualités qui font une bonne mère. Elle était active et diligente dans la direction de son monastère, toujours la première à la prière et au travail, occupée soit à réparer les ornements sacrés, soit à prendre pour elle les plus humbles labeurs; et, suivant la remarque d'un biographe, « elle ne commandait rien qu'elle ne fît elle-même ».

Avec toutes ses sœurs, elle était si douce, si aimable, qu'il leur suffisait, pour se trouver consolées et réconfortées, de la voir, d'être assises auprès d'elle, de sentir le contact de sa main délicate, d'entendre une parole de ses lèvres. Leur plus cruel tourment était la pensée que leur Mère pouvait leur manquer si on l'envoyait fonder un autre couvent ou si elle succombait à la tâche à cause de sa santé fort délicate. Claire avait une prédilection pour les plus faibles de ses sœurs, pour les malades qu'elle entourait et soignait en se privant même du repos nécessaire, comme font les mères pour leurs enfants.

La Judith franciscaine.

Son courage allait jusqu'à l'héroïsme. Voyez la, debout sur les murailles de son petit monastère auquel les Sarrasins, avides de sang et de crimes, se préparent à donner l'assaut. Elle est seule, avec son Jésus eucharistique dans les mains, tandis que ses filles, éplorées et tremblantes, supplient le Seigneur. Et voici que, des yeux de la Sainte, comme du ciboire qui renferme le corps de Jésus-Christ, jaillit une lumière d'une force si prodigieuse que ces barbares sont pris de panique et se retirent en désordre. Le couvent est sauvé.

Nous avons ajouté que Claire fut une amie fidèle, précieuse pour saint François. L'union de ces deux âmes qui se sont pour toujours consacrées à Dieu, qui s'associent pour louer le Seigneur et entretenir dans leur cœur la flamme purificatrice, cette union a quelque chose de sublime, de céleste. Faut-il, dès lors, s'étonner que François aimât visiter le délicieux petit couvent où il était attendu et écouté avec tant de bonheur? Dans Claire, sa mystique sœur, il retrouvait la créature du Seigneur qui avait su, si bien, obéir à ses conseils et lui donner ainsi la sainte joie d'une paternité spirituelle. Dans François, Claire voyait l'ange du ciel qui l'avait conduite au divin Époux. Le Poverello venait demander à Claire le secours de la prière pour lui-même et pour ses Frères qui parcouraient le monde en apôtres ; Claire redisait les suaves paroles que son Bien-Aimé Jésus avait murmurées à son cœur ; et leurs deux âmes s'embrasaient mutuellement d'un zèle toujours plus ardent pour la perfection séraphique.

Un jour, racontent les *Fioretti* (chap. xv), Claire éprouva le vif désir de prendre, une fois au moins, un repas avec François, à Sainte-Marie-des-Anges, pour avoir l'occasion de revoir la Portioncule et de converser plus longuement avec son Père spirituel. Sur les instances de ses Frères, François consentit et fit préparer la table, suivant son habitude, à plat sur le sol.

Une agape fraternelle.

Mais citons littéralement :

« Et François s'assit lui-même ainsi que sainte Claire, et l'un des compagnons du saint Père s'assit auprès de la compagne de la sainte, et tous ses autres compagnons prirent également place à cette humble table. Et, dès les premières bouchées, saint François se mit à parler si doucement, saintement, et d'une façon si sublime et divine, que ce saint lui-même et sainte Claire, et sa compagne, et tous les autres qui étaient assis autour de cette pauvre table furent ravis d'une grâce extrême du Très-Haut qui les avait envahis. Et pendant qu'eux-mêmes se tenaient assis de cette façon, l'âme ravie, et les yeux et les mains levés au ciel, il sembla aux hommes d'Assise et de Bettona, et de toutes les autres régions d'alentour, que l'église de Sainte-Marie-des Anges, ainsi que tout le couvent et la forêt qui entourait ce couvent, étaient en train de brûler, et qu'un grand incendie s'était répandu sur tous ces lieux. En conséquence, pour secourir le couvent, les hommes d'Assise accoururent en grande hâte, croyant fermement que tout allait être dévoré par la flamme. Mais quand ils arrivèrent sur les lieux, ils virent que toutes choses étaient intactes et sans aucun dommage. Pénétrant ensuite dans le couvent, ils trouvèrent le Bienheureux François avec sainte Claire et tous ses compagnons ravis en Dieu, et tous étaient assis autour de cette table très humble, et tous étaient revêtus de la vertu d'en haut. Et alors, ces hommes comprirent avec certitude que c'était un feu divin qui enflammait les susdits saints et saintes, les remplissant des abondantes consolations de l'amour divin. Sur quoi, ils s'éloignèrent grandement édifiés et réconfortés. Quant au bienheureux François et à sainte Claire, et aux autres, ceux-là se trouvèrent restaurés à tel point par la riche consolation divine de leurs âmes que, de la nourriture corporelle, ils ne touchèrent que très peu ou rien[1]. »

De même que Sœur Claire avait visité Frère François à la Portioncule, ainsi, plus tard, François aussi, descendant de l'Alverne avec les stigmates, viendra trouver sa sainte amie, en son petit couvent de Saint-Damien ; et c'est là qu'il composera son célèbre cantique de Frère Soleil. Avant de mourir, il se souviendra encore de Claire et fera en sorte que sa dépouille

---

1. *Fioretti*, trad. de T. de Wyzewa.

mortelle passe devant Saint-Damien, pour que, une dernière fois, ses filles spirituelles puissent baiser les stigmates de celui qui fut leur Maître.

Afin de rester fidèle à son saint ami, même après sa mort, Claire, dans la suite, défendra courageusement son héritage le plus précieux : Dame Pauvreté. L'idéal, qui avait ravi l'esprit et le cœur de François, brillera d'un nouvel éclat, grâce à l'héroïque Vierge d'Assise, et, dans les derniers jours de sa vie, Claire eut la consolation de recevoir la Bulle papale, accordant à elle et à ses sœurs, le privilège de pouvoir, comme leur Séraphique Père, vivre dans la plus rigoureuse Pauvreté. Ainsi consolée, elle s'éteignit doucement, le 16 août 1253, à l'âge de soixante ans.

VII

LE PARDON D'ASSISE

Nous avons dit plus haut comment le Poverello avait une prédilection toute particulière pour la petite chapelle de Sainte-Marie-des-Anges, que, dans les premiers temps de sa conversion, il avait pieusement restaurée de ses propres mains.

La chère Portioncule.

S'il aimait et vénérait la pieuse chapelle, ce n'était pas seulement parce qu'elle était dédiée à la Sainte Vierge, la Reine de son cœur, et que, plus d'une fois, il y avait entendu les concerts des Anges; c'était encore parce que, là, il était né à une vie nouvelle, lorsque, prosterné devant l'autel consacré à la Mère du Sauveur, il avait entendu la parole divine qui lui révéla sa vocation et le décida à embrasser la carrière apostolique. C'était là, aussi, que Claire avait dépouillé les vains ornements du monde pour revêtir la tunique franciscaine et se consacrer pour toujours à l'Époux divin, dans la pauvreté et l'humilité. Cette chapelle était donc le berceau des deux premiers Ordres. Les Frères y accouraient dévotement avant d'entreprendre leurs courses apostoliques; ils aimaient à passer, à l'ombre de la Portioncule, dans le recueillement et la prière, les heures les plus douces de leur vie religieuse.

Chers lecteurs, chers amis, rappelez-vous comment, dans l'après-midi du 1er août ou dans le cours de la journée suivante, vos mères vous conduisaient à la chapelle de quelque couvent franciscain ou à une église possédant le même privilège, — c'était la fête du Pardon d'Assise. En visitant cette chapelle, en récitant quelques prières, on pouvait gagner l'Indulgence de la Portioncule, ainsi nommée parce que, pour la première fois, elle fut accordée à la chapelle de Sainte-Marie-des-Anges.

Église Sainte-Marie-des-Anges. — Intérieur de la Portioncule.

62

Une apparition céleste.

Rappelons brièvement cette histoire.

Vers la fin de juillet de l'an 1216, François passait la nuit en prières, dans une petite cellule, à côté du pieux sanctuaire. Avec le zèle d'un apôtre, avec toute la ferveur d'un séraphin, il conjurait la miséricorde divine d'avoir pitié des pauvres pécheurs, quand il entendit une voix — c'était comme la voix d'un ange — qui l'engageait à entrer immédiatement dans la chapelle voisine. Il s'y rendit aussitôt et un spectacle tout céleste s'offrit à ses yeux.

Sur l'autel — pauvre autel, mais pieusement orné — baignés dans une radieuse lumière, Jésus et Marie lui apparaissent, et tout, en eux, respire la miséricorde et la douceur. Le divin Sauveur et sa Mère Immaculée sont entourés d'une troupe d'esprits angéliques. L'humble François, saisi d'une crainte respectueuse, mais pénétré en même temps d'une joie infinie, se prosterne la face contre terre. Et voici que Jésus prend la parole : « Vous et vos frères — dit-il — avez beaucoup travaillé pour le salut des âmes ; vous pouvez demander ce que vous voudrez en leur faveur et pour ma gloire. »

— « O mon Seigneur, — reprend François, — je ne suis qu'un pauvre pécheur ; néanmoins, puisque vous daignez m'inviter à demander quelque faveur, j'ose vous supplier d'accorder cette grâce à vos fidèles, que tous ceux qui, confessés et contrits, viendront visiter cette église, y reçoivent l'indulgence plénière de leurs péchés et de la peine qui leur est due. »

Puis, se tournant vers Marie, le Saint, plein de confiance, ajouta :

— « Je prie la Bienheureuse Vierge, notre Mère, l'avocate du genre humain, de m'obtenir cette grâce. »

Et Marie s'unit à son serviteur ; elle intercède pour lui. Et, alors Jésus reprend :

— « Ce que vous demandez est grand ; mais vous obtiendrez plus encore, je vous accorde l'indulgence, à condition qu'elle soit accordée par mon Vicaire, à qui j'ai remis tout pouvoir de lier et de délier sur la terre. »

Le Vicaire de Jésus-Christ.

Dès le lendemain, François, accompagné du Frère Masseo, se met en route pour Pérouse où se trouvait alors le nouveau Pape, Honorius III, élevé peu de jours auparavant au trône pontifical. Obtenir la faveur sollicitée n'était point chose facile parce que, alors, les indulgences plénières — c'est-à-dire non seulement le pardon de toutes les fautes, pardon qui s'obtient par le repentir et la confession, mais encore la rémission de toutes les peines dues à ces fautes, — s'accordaient seulement à l'occasion des Croisades et du Jubilé. En dehors de ces cas, on ne concédait que des indulgences partielles, à la condition de faire quelque aumône au profit d'une église, ou bien pour une basilique insigne ou quelque sanctuaire célèbre.

Cependant François ne doute pas un seul instant que la faveur obtenue du divin Sauveur ne soit confirmée par le Pape. Il sait que telle est la volonté du ciel.

Introduit devant le Souverain Pontife, il expose, en toute simplicité, son désir d'obtenir, pour sa petite église, l'Indulgence plénière, libre et gratuite.

— « Sans obligation d'aumône — répond le Pape — ce n'est pas la coutume de l'Église romaine; il convient que ceux qui veulent gagner une Indulgence, la méritent, en venant en aide aux bonnes œuvres. Et pour combien d'années demandes-tu cette Indulgence? »

— « Saint Père, je ne demande pas des années, mais des âmes! »

— « Des âmes! comment entends-tu cela? »

— « Je désire, si Votre Sainteté l'agrée, que tous ceux qui, contrits, confessés et absous, visiteront ma petite église, obtiennent le pardon total de leurs fautes et de toute peine, soit dans ce monde, soit dans l'autre. »

— « Mais c'est là une faveur trop grande et tout à fait insolite; il n'est point dans la pratique du Saint-Siège d'accorder de semblables indulgences! »

— « Aussi n'est-ce pas moi qui vous fais cette demande : c'est au nom de Jésus-Christ qui m'a envoyé à vous. »

Et François raconte en détail ce qui lui est arrivé : l'apparition du Sauveur, la concession qui lui a été faite.

Après avoir écouté attentivement le récit de François, le Pape s'écrie :

— « Du moment qu'il en est ainsi, Nous n'avons qu'à approuver. De bon cœur, nous accordons l'Indulgence demandée. »

Quelques prélats et cardinaux font remarquer que cette concession est trop illimitée, qu'elle nuirait aux pèlerinages de Rome et de la Terre Sainte. Honorius réplique :

— « Nous ne pouvons révoquer ce que Nous venons de concéder librement; tout ce que Nous pouvons, c'est d'en déterminer la durée.

Et se tournant vers François :

— « Nous entendons, — lui dit-il, — que cette Indulgence soit valable à perpétuité, en ce sens qu'on pourra la gagner chaque année, mais seulement pendant la durée d'un jour ordinaire, c'est-à-dire d'un soir à l'autre soir. »

François satisfait, remercie le Pontife et il se retire après s'être profondément incliné. Mais le Pape le rappelle :

« Où vas-tu, — dit-il, — homme simple que tu es? Quel témoignage emportes-tu d'une si grande faveur? »

— « Saint Père, votre parole me suffit : que Jésus-Christ soit le notaire, la Très Sainte Vierge la charte, les anges les témoins, je ne désire pas d'autre garantie, et je laisse à Dieu le soin de rendre manifeste une chose qui vient de lui. »

Et François, après avoir reçu la bénédiction du Pape, partit la joie dans l'âme.

Le miracle des roses.

Il restait donc à fixer le jour du Grand Pardon, et l'apôtre de l'Ombrie priait et attendait avec confiance une autre intervention du ciel.

Et voici que, deux ans après cette première apparition, — exactement en janvier 1218, — tandis que François passait la nuit en prières, priant et se flagellant dans sa petite cellule de sainte-Marie-des-Anges, le démon lui apparut sous la forme d'un ange de lumière, lui reprochant de ruiner ses forces par l'excès de ses pénitences. Le Saint devine la ruse de l'ennemi; il court se jeter dans la neige, parmi les ronces et les épines. — « J'aime beaucoup mieux, — dit-il, apostrophant son corps tout meurtri et baigné de sang, — j'aime beaucoup mieux souffrir quelque chose avec le Christ, que tomber dans les pièges de Satan. »

A peine a-t-il accompli cet acte héroïque, que la nature subit autour de lui une merveilleuse transformation : une lumière divine l'entoure; des épines teintes de son sang virginal germent des touffes de roses blanches et rouges, symboles de sa pureté et de son amour; sur ses membres déchirés par la flagellation, les anges jettent un vêtement d'une blancheur éclatante et, une fois encore, l'invitent à se rendre dans la petite chapelle où, de nouveau, l'attendent Jésus et Marie.

Et le divin Rédempteur daigne parler à son fidèle disciple qui, par l'intermédiaire de la Vierge immaculée, lui offre une gerbe de ces roses merveilleuses.

— « Pourquoi — demande Jésus — ne vous décidez-vous point à rendre à ma Mère le tribut d'hommage que vous avez promis? » Et François, croyant qu'il s'agit des âmes qui devront leur salut à la grande Indulgence de la Portioncule, répond aussitôt avec une familiarité toute filiale :

— « Seigneur, daignez donc fixer vous-même le jour indiqué pour le divin Pardon ! »

— « Je veux qu'on choisisse le jour où, dans la prison, furent brûlées les chairs de mon premier Vicaire, le Prince des Apôtres, saint Pierre, c'est-à-dire à partir des vêpres du 1er août jusqu'au soir du jour suivant. »

— « Mais Seigneur, comment les hommes croiront-ils en ma propre parole ? »

— « Ne craignez rien, retournez vers mon Vicaire, le Pape, et priez-le de publier l'Indulgence ; ma grâce fera le reste. »

Et, de nouveau le Poverello va se prosterner aux pieds du Souverain Pontife ; mais cette fois, c'est à Rome, au Latran. Il raconte sa vision ; en témoignage de sa véracité, il présente une touffe des roses miraculeuses. Honorius admire ces fleurs, si belles, si parfumées, malgré la saison, — on était en plein hiver ; — il admire plus encore la sainteté de François et il accueille favorablement sa demande. Il fixe au 2 août la fameuse Indulgence et ordonne aux évêques de l'Ombrie de la proclamer solennellement.

La proclamation fut faite au jour indiqué, en présence de la foule des fidèles venus de toutes les contrées de l'Italie. Du haut d'une tribune, dressée devant l'humble chapelle, François prononça un discours qui commençait ainsi : « Je veux vous faire aller au paradis ! » Ce discours est célèbre dans l'histoire de la Portioncule.

Et depuis ce jour mémorable, toujours, au cours des siècles, les pèlerins n'ont cessé d'accourir à cette nouvelle Piscine probatique pour y retremper leur foi et y puiser des grâces.

Le petit sanctuaire, qui a vu d'innombrables générations de croyants franchir ses humbles portes, garde, aujourd'hui encore, sa simplicité — nous allions dire : sa rusticité — primitive. Ses murs, noircis par le temps, polis par les baisers des fidèles, sont restés nus, sans aucun ornement. Sur la face extérieure seulement, une fresque, due à Overbeck, représente la scène de l'apparition. Cependant, aujourd'hui, l'humble chapelle n'est plus isolée au milieu de la campagne ; elle est abritée sous le manteau royal de la magnifique basilique qui l'englobe.

La merveilleuse coupole, dont le génie de Vignole a voulu couronner ce monument grandiose a inspiré à Carducci un sonnet intitulé : « Sainte-Marie-des-Anges, en souvenir de François et de la Portioncule » [1].

---

1. On trouvera ce sonnet dans un autre volume du P. Facchinetti : *Soyez joyeux*, trad. de l'abbé Ph. Mazoyer (Paris, Lethielleux).

Église Sainte-Marie-des-Anges.

Le petit ermitage que François et ses frères habitaient auprès de la chapelle est devenu un grand monastère. Les bois voisins ont fait place à des habitations qui forment un village. Ces transformations étaient nécessaires à cause de la foule des pèlerins qui, plus particulièrement à l'occasion du Pardon, se rendent à Sainte-Marie-des-Anges pour y gagner l'Indulgence et visiter les sanctuaires de la Portioncule et d'Assise.

VIII

AU PAYS DE JESUS

La charité de notre saint ne s'étendait pas seulement à ses frères dans la foi. S'il leur obtenait le pardon de leurs péchés, s'il les convertissait du vice à la vertu et les appelait à une perfection plus haute, le zèle qui brûlait dans son cœur le poussait à l'apostolat parmi les infidèles, surtout avec le désir et l'espérance du martyre.

Vers l'Orient.

Et sa pensée se porte vers l'Orient, terre mystérieuse qui a toujours attiré les âmes chrétiennes parce qu'elle fut le berceau du divin Rédempteur. Au temps de François, et déjà depuis plus d'un siècle, l'Europe s'armait pour les croisades afin de reconquérir sur les Turcs le tombeau de Jésus-Christ. C'était la lutte de la croix contre le croissant, du vrai Dieu contre le faux prophète, de la civilisation chrétienne contre la barbarie musulmane.

Peu d'années auparavant, Innocent III avait rassemblé en Italie une armée de croisés. La grandeur des préparatifs, le nombre des gens de pied et des cavaliers, la réputation des princes et des barons qui prenaient part à la croisade, tout avait fait concevoir les plus belles espérances. Mais la fourberie des Vénitiens d'abord, puis l'ambition et la cupidité de tous avaient détourné cette expédition du but qu'elle se proposait et qui était la conquête du Saint-Sépulcre.

Pendant ce temps, alors que les soldats du Christ ne songeaient qu'à opprimer et à dépouiller des peuples chrétiens, les Sarrasins, pour assurer leur propre défense et aussi par besoin de se venger, faisaient peser un joug toujours plus lourd sur les « infidèles » — ils appelaient ainsi les disciples de la Croix — qui vivaient en Palestine. Les cris désespérés de ces malheureux réveillèrent, dans toute la chrétienté, de douloureux échos et le Pape, soit par des lettres, soit par l'intermédiaire de ses légats, ne se lassait pas de ranimer le zèle des enfants de l'Église et de les appeler à la délivrance de la Terre Sainte. Ces appels n'étaient point toujours entendus; ils étaient trop souvent étouffés par le fracas des discordes politiques. Cependant, il y eut toujours des milliers et des milliers de cœurs pour battre à la pensée de se sacrifier à un si noble idéal, à une cause si noble : secouer le joug des musulmans, arracher au croissant les lieux sanctifiés par la présence de Jésus-Christ et empourprés de son sang.

Une croisade d'enfants.

Précisément à l'époque où se passaient les faits que nous racontons, ce sentiment de compassion pour les opprimés et cet enthousiasme inspiré par la foi, étaient plus vifs que jamais; à tel point que, vers l'an 1212, l'Europe put voir ce spectacle inaccoutumé : une véritable croisade de jeunes gens, d'enfants même, de tout rang et de toute condition qui, venus de France et d'Allemagne, traversèrent les Alpes et descendirent jusqu'à la mer, pour gagner Jérusalem et en chasser les Sarrasins. Naturellement, ces pauvres Croisés ne purent réaliser leur rêve, parce que l'innombrable armée de ces jeunes héros fut bientôt décimée par la faim, par le froid, par les fatigues du voyage. Beaucoup d'entre eux succombèrent en route; d'autres, en grand nombre, revinrent sur leurs pas; mais cette tentative elle-même ne laisse pas d'attester quel ardent enthousiasme le noble désir de délivrer le Saint Sépulcre avait suscité dans les âmes de la jeunesse.

Dès lors, comment penser que François, le chevalier épris de l'idéal, l'apôtre zélé de la foi, dont le cœur aspirait au martyre, ait pu demeurer indifférent devant cet élan des âmes, à la pensée d'une lutte dont le triomphe serait la gloire la plus belle du christianisme? Aussi, dès la fin de 1212, avait-il tenté de faire voile vers l'Orient, afin de pénétrer en Palestine, de s'unir aux croisés, d'arriver enfin au tombeau du Sauveur, de tomber martyr sous le cimeterre de l'Arabe. Il s'était embarqué sur un navire qui devait le transporter en Syrie; mais on sait ce qu'il advint : les vents contraires jetèrent le vaisseau sur les côtes de la Dalmatie; François dut renoncer à son voyage, toute traversée dans le Levant devenant impossible cette année.

En quête du martyre.

François n'avait pu atteindre les infidèles en Orient; il résolut d'aller les chercher au Maroc. Thomas de Celano nous assure qu'en cette occasion, notre saint, dans l'ardeur de son zèle et impatient d'arriver au terme du voyage, marchait d'un tel pas que son compagnon ne parvenait pas à le suivre. Mais, cette fois encore, son rêve ne devait point se réaliser. En Espagne, à Burgos, François tomba si gravement malade qu'il dut, à peine convalescent, regagner l'Ombrie pour assurer son entière guérison.

Pourtant, il ne se résignait point à renoncer à son idéal; il songeait toujours à cet Orient gémissant sous la tyrannie musulmane, au croissant triomphant en ces contrées où devait régner la croix, et son cœur frémissait d'une sainte impatience et toujours devenait plus vif son désir de voir ces lieux sanctifiés par la présence du Sauveur, d'en baiser la poussière.

Les choses allaient mal en Palestine. Malgré la valeur et l'héroïsme de Godefroy de Bouillon, la sainte cité était tombée au pouvoir de l'ennemi. A la nouvelle de ce désastre l'Europe fut consternée. Sur les pressants appels d'Honorius III on prit les armes : plus de quatre cent mille hommes se rangèrent sous la bannière de Brienne, roi titulaire de Jérusalem. Cette fois, au lieu d'attaquer directement la Palestine, les armées chrétiennes portaient la guerre en Egypte, au cœur même de l'Empire musulman, et mettaient le siège devant Damiette. Tous les peuples chrétiens tournaient donc leurs regards vers l'Orient, dans l'attente des événements.

François jugea que, dans ce cas, il devait entreprendre son pèlerinage au pays de Jésus et, le 24 juin 1219, en la fête de saint Jean-Baptiste, les habitants d'Ancône furent les témoins d'une scène dont l'histoire nous a conservé le récit et que le pinceau de Paolo Gaidano a immortalisée.

En route pour la Palestine.

Un groupe d'humbles frères, venus à pied de la verdoyante Ombrie, se préparait à s'embarquer pour l'Égypte avec les croisés. François était accompagné de ses fidèles disciples. Comme les zélés missionnaires se trouvaient trop nombreux pour qu'il fût possible de leur ménager une place, François, voulant reconnaître la volonté du ciel, s'adressa soudain à un enfant et lui demanda si c'était le bon plaisir de Dieu que tous ces

frères se rendissent avec lui chez les infidèles. La réponse fut négative
et le Poverello, dans le désir de ne faire tort à aucun de ses frères,
confia à l'enfant le soin d'en choisir douze qui l'accompagneraient. Ils
partirent au milieu des applaudissements de la foule, tandis que François,
debout sur la proue du navire, élevant bien haut l'étendard des Croisés,
bénissait ceux qu'il laissait à terre.

Ce n'était pas la première fois que les Franciscains, Croisés d'un nouveau genre, armés non de la cuirasse et de l'épée, mais vêtus d'une bure
grossière et la croix de Jésus à la main, faisaient voile sur l'Orient.
Depuis la tentative faite par François en 1212, peu d'années plus tard
— exactement en 1215 — Frère Egidius avait pu débarquer à Ptolémaïs,
et commencer, non sans succès, une mission apostolique. C'est donc à
lui que revient la gloire d'avoir, le premier, parmi les Frères Mineurs,
mis le pied sur cette terre qui devait bientôt devenir le champ le plus
actif de l'apostolat franciscain. En 1219, un autre disciple du Séraphique
Père, le célèbre Frère Élie, le suivit, non plus à titre d'apôtre isolé,
mais en qualité de Ministre provincial et accompagné d'un bon nombre
de religieux dont les travaux contribuèrent grandement aux progrès de
l'Ordre en Syrie.

François, donc, allait rejoindre ces fils de son cœur, toujours avec l'espoir
du martyre. Après une escale en l'île de Chypre, il aborde à Saint-Jean-
d'Acre. Il assigne à ses compagnons le champ où ils exerceront leur zèle,
et, suivi du seul Frère Illuminé, il prend la route de l'Égypte. A Damiette,
il tente inutilement de rétablir la paix dans le camp des chrétiens et de
ramener la bonne entente entre les chevaliers et les hommes de pied;
alors, il se décide à se présenter au Soudan lui-même pour lui prêcher
l'Évangile de Jésus-Christ.

En face du Soudan.

Ce Soudan, — il se nommait Meledin, ou Melek-el-Kamel, — le Prince
parfait, — exaspéré par la guerre que lui faisaient les Croisés, avait promis
une récompense à quiconque lui apporterait la tête d'un chrétien. François
le sait; mais, plein de confiance en Celui qui a envoyé ses Apôtres
comme des brebis au milieu des loups, il s'approche du camp ennemi.
Il est surpris par une troupe de Sarrasins qui se jettent sur lui, le
frappent, l'accablent d'injures et, enfin, le conduisent au Soudan. Le
Poverello n'en demandait pas davantage; mais ses espérances du martyre
furent déçues.

François — le saint apôtre de la fraternité universelle, — sut parler avec tant de douceur, tant de conviction, qu'il gagna aussitôt la sympathie de Melek-el-Kamel. Sans doute, il ne réussit point à le convertir aussitôt à l'Évangile, mais il s'en fit un ami sincère. En effet, le Soudan avait pu admirer l'extraordinaire vertu de François en la mettant à une rude épreuve : il lui proposa de passer à travers les flammes d'un foyer ardent, proposition que le saint accueillit avec enthousiasme tandis que les prêtres musulmans s'esquivaient à la hâte; puis il lui offrit une grosse somme d'argent que le Poverello refusa avec indignation. Touché de ce courage dans la foi, de ce dédain pour les richesses, Melek-el-Kamel accorda à l'apôtre un décret, un firman, qui l'autorisait, lui et ses compagnons, à prêcher librement l'Évangile dans tout l'Orient sarrasin.

De l'Égypte, François put enfin gagner la Palestine, en suivant, croyons-nous, l'itinéraire habituel des pèlerins d'Occident, débarquant à Jaffa pour visiter d'abord la Judée, puis la Samarie et la Galilée.

En visitant les Lieux Saints.

Qu'il serait beau, qu'il serait doux de l'accompagner, par la pensée et par le cœur, dans ses pèlerinages aux divers sanctuaires : à Bethléem, où il doit passer les fêtes de Noël en cette année; à Jérusalem, au Jardin des Oliviers, au Cénacle, au Prétoire, à Hébron, à Emmaüs, à Béthanie, que, sans doute, il visita pendant le Carême et la Semaine Sainte de cette même année; puis à Jéricho, à Naïm, à Nazareth, à Cana, au Thabor, aux rives du lac de Tibériade, et aux gracieuses bourgades qui se miraient dans ses ondes — Magdala, Capharnaüm, Bethsaïda, — à tous ces lieux dont parle l'Évangile et que le saint dut parcourir dans les premiers mois de l'année suivante.

Qui nous dira quelles pensées sublimes, quelle séraphique ardeur suscitèrent dans son esprit et dans son cœur la vision de Jérusalem se profilant au loin sur l'horizon; la vue de la grotte où le Sauveur est né, des oliviers sous lesquels il a souffert sa cruelle agonie, du Cénacle où il a institué la Sainte Eucharistie, de la colonne où il fut flagellé, de la colline du Golgotha où il fut crucifié; de l'atelier où le fils de Marie passa tant d'années de sa vie, travaillant à l'exemple de son père nourricier! Mais les biographes ne nous donnent aucune précision sur ce point.

Une chose, pourtant, est certaine : c'est que François, en ces années 1219-1220, visita réellement la Palestine, poussant jusqu'au Liban où

Saint François devant le Soudan (Giotto).

il put réunir à son Ordre toute une Communauté de religieux bénédic-
tins et, pour ainsi dire, au nom de la foi et de la civilisation latine,
prendre possession de ces contrées que la vénération des chrétiens
nomme les Lieux Saints et dont la garde, depuis lors jusqu'à nos jours,
est restée le trésor le plus précieux, la gloire la plus noble de l'Ordre
franciscain.

C'est à ce point que les Frères Mineurs s'appellent aussi les « Pères de
la Terre Sainte »; et ils ont bien mérité ce nom par leurs sacrifices. Il est
certain, en effet, que les Annales de nos Missions en Palestine, autant et
plus que d'autres, sont trempées des larmes, de la sueur et du sang de nos
héroïques Frères. S'il y a jamais eu, dans les temps passés, s'il y a, aujourd'hui encore, une Mission difficile, dangereuse, c'est assurément la
Custodie de la Terre Sainte. Depuis sept siècles, les Franciscains sont là,
au milieu d'un peuple de païens, de musulmans, d'hérétiques, de schisma-
tiques qui ne s'accordent entre eux que lorsqu'il s'agit de persécuter les
apôtres de Jésus-Christ et de son Évangile. Mais, disons-le à leur gloire,
les dignes fils de saint François, qui n'ont rien à perdre en ce monde, et
ont tout à gagner en renonçant à la vie temporelle pour conquérir la vie
éternelle, ne se sont point laissé intimider ni décourager par les obstacles, les violences ou les persécutions. Qu'on les expulse, ils reviennent; qu'on les massacre, d'autres les remplacent, et jamais on n'a pu les
écarter du tombeau de Jésus; toujours, ils en sont demeurés les fidèles
gardiens, et, au cours de sept siècles, ils ont été en Palestine, des martyrs de la foi, des héros de la charité, les champions d'un vrai et sage
patriotisme.

Les Franciscains en Terre Sainte.

Martyrs de la foi! parce que nombre d'entre eux ont dû payer de leur
vie l'honneur de veiller, sentinelles héroïques, sur les lieux principaux de
notre rédemption. Combien souvent le fanatisme juif, musulman, schis-
matique, dans un accès de fureur sauvage, a versé le sang de ces disciples
de Jésus et du Séraphique Poverello! L'histoire compte, dans la seule ville
de Jérusalem et au cours de sept siècles, plus de sept cents martyrs! Ils
sont tombés sous le cimeterre des Arabes ou le poignard des Bédouins; ou
bien ils ont été mutilés, massacrés, empalés, ensevelis vivants, ou jetés
en prison pour y mourir de faim.

Héros de la charité! parce que les Frères Mineurs, au pays de Jésus,
ne se contentent pas, en temps ordinaire, de soutenir, grâce aux aumônes

du monde chrétien, des milliers de païens qui, chaque jour, viennent leur demander la subsistance, et d'accueillir généreusement et gratuitement dans les hôpitaux annexés à leurs couvents, les pèlerins venus d'Orient et d'Occident pour visiter les Saints Lieux ; mais encore parce que, dans les temps d'épreuves où sévissent la peste, la guerre, la famine, les Franciscains ont été et sont toujours des anges de charité. La peste surtout, trop fréquente en Orient, leur a été l'occasion de se dévouer.

Contentons-nous de cette statistique récente : 6.640 Frères Mineurs sont, au cours des siècles, tombés victimes de leur héroïsme, en visitant et soignant les pestiférés.

Champions de la civilisation latine! Tous les écrivains, à quelque parti qu'ils appartiennent, l'ont reconnu. Gaetano Darchini a dit des Missionnaires de la Palestine : « Quelle que soit votre façon de penser, vous ne pouvez en Terre Sainte, qu'admirer l'œuvre de ces modestes religieux ; par un phénomène assez difficile à expliquer si l'on s'obstine à ignorer l'histoire religieuse, ils savent être tout ensemble chrétiens et italiens. » Et dans son beau livre : « Au pays de Jésus », Mathilde Serao reprend : « En Terre Sainte, les Frères Mineurs parlent toutes les langues ; ils ont voyagé partout, ils sont de toutes les nationalités ; mais à la gloire de saint François, qui est leur père et qui était italien, tous parlent l'italien ; et si l'Italie existe encore en Palestine, si le nom italien y garde sa valeur, on le doit aux Franciscains, à leur œuvre patriotique, à leur charité » (1).

---

(1) Hélas dans ce simple alinéa, quelle leçon pour notre France ! qu'en est-il de son rôle en Terre Sainte ? (Note du traducteur.)

IX

LE TIERS-ORDRE FRANCISCAIN

Telle était la ferveur, si grand l'enthousiasme que le Poverello et ses Frères savaient susciter dans les âmes par leur parole et leur exemple, que la création du Premier et du Second Ordre ne comblait point les aspirations de tous ceux qui demandaient à embrasser la pratique de l'idéal franciscain.

Ferveur religieuse.

Bien souvent, après avoir entendu la prédication de ces saints religieux, la population entière d'une bourgade, ou, dans les grandes villes, une foule d'auditeurs suppliaient l'apôtre d'Assise de les admettre dans l'un ou l'autre de ses deux Ordres.

Un jour, prêchant sur la place publique de Cannara, François émut tellement son auditoire, que tous, hommes, femmes, jeunes gens et vieillards, le conjuraient de leur donner l'habit des Frères Mineurs ou des Clarisses. Mais, avec la sagesse et la prudence qui le guidaient en tous ses actes, il comprit que telle ne pouvait être la volonté du Seigneur et qu'il fallait discipliner cet attrait des âmes, tout en le secondant. Il déclara donc à ces braves gens qu'il prierait Dieu de lui venir en aide et de lui faire connaître comment répondre aux désirs de ceux qui aspiraient à une plus haute perfection, sans les contraindre à abandonner leur famille et la société, puisque des liens sacrés et d'imprescriptibles obligations les y attachaient.

Il se retira pendant quelque temps dans l'île de Trasimène où, dans le recueillement et la prière, il conçut l'idée d'une vaste association d'hommes et de femmes, unis entre eux par une Règle commune et rattachés au Grand Ordre. De la sorte, ne pouvant ouvrir à la foule le cloître proprement dit, il transportait le cloître au milieu du monde, et toute chambre devenait une cellule, toute maison un ermitage franciscain.

Les premiers Tertiaires.

Le plan fut longtemps élaboré dans l'esprit et le cœur du Séraphique Père ; mais il est certain que les lignes fondamentales de la Règle du Tiers-Ordre étaient déjà fixées lorsque, en 1221, le saint alla prêcher en Toscane. Et c'est exactement, comme le veut une constante tradition, à Poggibonsi, — entre Sienne et Florence, — que François rencontra les deux premières âmes qui lui parurent aptes à embrasser la nouvelle constitution, les époux Lucchesio et Buonadonna.

Lucchesio avait été d'abord un commerçant assez avare et âpre au gain ; on croit qu'il fut un des compagnons de François dans sa jeunesse. Il entendit parler le saint et, touché de son exemple, il rentra en lui-même, se montra libéral envers les pauvres que, jusqu'alors, il avait scandalisés par son égoïsme, et on le vit secourir les malheureux, soigner les malades dans les hôpitaux, accueillir les pèlerins dans sa demeure, se dévouer aux œuvres de piété et défendre courageusement les droits du Saint-Siège.

Sa femme, cependant, continuait un genre de vie peu conforme à ce nom de Buonadonna qu'elle portait. Loin de se montrer bonne et généreuse envers les pauvres, elle s'obstinait dans son avarice et blâmait amèrement la prodigalité de son mari. Un miracle la convertit. Un jour, après avoir distribué tout le pain qui se trouvait dans la maison, Lucchesio pria sa femme de donner encore quelque chose aux malheureux qui accouraient de toutes parts.

— « Sot que vous êtes, répliqua-t-elle, — tête affaiblie par les jeûnes ! Où prendrai-je du pain puisqu'il n'en reste plus un morceau ? »

— « Dans la huche, — reprit doucement Lucchesio. — Ouvre-la, ma Buonadonna, et tu en trouveras. Crois-moi, et aie confiance en Celui qui a nourri cinq mille hommes avec cinq pains et quelques poissons ! »

Elle ouvrit la huche, mais sans la moindre confiance. O prodige ! la huche était pleine de pain blanc ! Stupéfaite et hors d'elle-même, pleurant et riant, Buonadonna se jeta aux pieds de son mari et, à partir de ce jour, elle n'eut plus besoin d'être contrainte aux œuvres de charité.

Telle fut la première famille choisie pour donner naissance au Tiers-Ordre de la Pénitence. François qui connaissait la sainte vie des deux époux — vie toute conforme à son esprit religieux — s'ouvrit à eux de son dessein.

Institution du Tiers-Ordre (Della Robbia).

— « Depuis quelque temps, leur dit-il, je songe à fonder un Tiers-Ordre dont les personnes mariées feraient partie et qui leur permettrait de servir plus parfaitement le Seigneur. Vous pouvez vous y enrôler immédiatement avec la bénédiction du ciel. »

Pleins de joie, Lucchesio et Buonadonna accueillirent l'offre du Saint et lui demandèrent de les admettre dans la pieuse association. François alors les revêtit d'un habit simple et modeste, couleur gris de cendre, ceint d'une corde grossière, comme celui des Frères Mineurs, puis il les bénit au nom du Seigneur.

Obligations morales.

La Règle de vie que François avait imposée à ses Tertiaires était toute simple et s'adaptait aisément à toutes les conditions sociales, sans différence de temps ou de nationalité, dans le but de venir en aide à toutes les âmes qui, vivant dans le monde, aspirent à une plus haute perfection.

Quiconque professait la foi catholique et une soumission filiale au Saint-Siège pouvait être admis dans le Tiers-Ordre, à la condition de s'obliger à mettre fin à toute inimitié, à restituer le bien mal acquis, à se confesser et à communier trois fois chaque année, à réciter autant que possible, tous les jours, l'office composé d'un certain nombre de Pater et à jeûner, à moins d'empêchement, pendant l'Avent et le Carême.

On le voit : ces simples dispositions contenaient tout un programme de réforme religieuse dont la réalisation devait produire, comme elle l'a fait en vérité, un merveilleux épanouissement de vie chrétienne.

Au point de vue social et à cette époque surtout, certaines prescriptions étaient d'une importance capitale : Ne point porter les armes, sinon pour la défense de l'Église ou de la patrie, et avec la permission des supérieurs; s'abstenir des serments solennels, à moins d'y être contraint par la nécessité et dans la limite des cas prévus par le Saint-Siège; mettre en commun quelques aumônes que le trésorier avait charge de distribuer convenablement, selon l'ordre du Ministre, aux Frères et aux Sœurs qui étaient dans le besoin.

Bienfaits sociaux.

Jeunes lecteurs, peut-être ne comprenez-vous pas très bien l'importance de ces préceptes qui, d'ailleurs, sauf le dernier, ne sont plus applicables de nos jours. Il est certain, toutefois, qu'ils renfermaient le germe d'une révolution bienfaisante en faveur des petits et des humbles.

Il s'agissait de les sauver des horreurs d'une guerre ininterrompue et sauvage, de la servitude et de la honte de la vassalité.

En effet, les Tertiaires, affranchis du serment, pouvaient refuser de prendre les armes et de combattre pour favoriser le caprice de tant de petits tyrans, toujours en lutte les uns contre les autres : ces guerres fratricides devenaient donc impossibles. Soustraits à l'impôt du sang, ils pouvaient désormais, répondant aux orgueilleux seigneurs, aux puissants barons qui commandaient à leurs vassaux d'aller se faire massacrer pour la défense de leurs privilèges, leur dire en face : « Non, nous ne voulons pas, nous ne pouvons pas vous obéir! nous avons acquis le droit de refuser! » Ce droit, François l'affirmait et il le concédait à ses fidèles au nom de la Religion et de la civilisation; en revêtant l'habit du Tiers-Ordre séraphique, en professant la règle de ce Tiers-Ordre, ils étaient devenus des religieux et jouissaient du privilège qui exemptait les religieux du service militaire; ils bénéficiaient d'une trêve personnelle.

On comprend, dès lors, comment pour participer à ces faveurs, le peuple sur qui pesaient plus particulièrement les conséquences de ces guerres de parti, accourait en foule et s'enrôlait dans une institution qui lui promettait des jours tranquilles, en l'exemptant de prendre les armes, en rendant impossibles, par le manque de combattants, ces guerres fratricides.

En certaines contrées de l'Italie, il arriva que les Podestats, irrités, recoururent à des mesures coercitives pour astreindre les Tertiaires au serment et au service. Mais les Tertiaires s'adressèrent à Rome et ils trouvèrent, dans le Pape, le plus énergique défenseur de leurs droits religieux. Ainsi, grâce au Tiers-Ordre, la féodalité était tenue en échec, et les seigneurs avaient à compter avec une multitude maîtresse de ses décisions, forte de toutes les ressources dont jouissent les associations sagement et puissamment organisées.

Certains historiens ont voulu voir dans le Tiers-Ordre les éléments constitutifs du Tiers-État; mais, sans aller aussi loin, il est de fait qu'en raison de la prodigieuse influence exercée sur les lois et coutumes de son siècle par cette dernière création du Poverello, on peut, — et Renan en fait lui-même la remarque, — considérer le mouvement franciscain comme l'œuvre populaire la plus grande dont l'histoire garde le souvenir, après le christianisme; on peut dire avec Gino Capponi que « la démocratie italienne a eu son origine et, en quelque sorte, sa consécration dans la Règle de saint François ». C'est un fait incontestable que François peut et doit être regardé comme un véritable réformateur social, du moment que ses institutions religieuses ont trouvé un tel écho dans le monde social.

Prodigieuse diffusion.

Bientôt, pour tous ces motifs, le Tiers-Ordre se propagea non seulement
en Italie, mais dans l'Europe entière. Le nombre toujours croissant des
Tertiaires contrecarra les mauvais desseins de Frédéric II, empereur
d'Allemagne, dont les guerres contre le Saint-Siège ont laissé dans
l'histoire du xiii° siècle, tant de pages tristes et douloureuses. Son chan-
celier, Pierre des Vignes, effrayé des progrès du Tiers-Ordre, écrivait à
son maître, qu'il « n'est personne, parmi les hommes comme parmi les
femmes, qui ne soit affilié au Tiers-Ordre des Mineurs et des Prêcheurs ».
Plus tard, le Tiers-Ordre franchit les frontières de notre continent et se
propagea jusqu'en Asie, aux Indes, au Japon et, grâce aux Franciscains
qui accompagnaient l'explorateur, jusqu'en la jeune Amérique.

Et toujours, au cours des siècles, malgré les persécutions les plus achar-
nées il s'est maintenu à la hauteur de sa tâche, toujours il a embelli ses
magnifiques étendards des gloires les plus brillantes ; toujours, sous les
climats les plus divers et à tous les degrés de la hiérarchie sociale et
religieuse, il a fait germer des fruits de sainteté, dignes de rivaliser
avec ceux qui s'épanouissent dans le cloître.

Quelle magnifique Internationale ! Elle accueille, avec les plus humbles,
les personnages les plus illustres par la naissance, la dignité, la science ;
des hommes renommés dans la carrière des armes, des lettres et des
arts. Sur le trône ou dans le modeste presbytère, sur le siège épiscopal
comme sur la chaire des Universités, dans les palais comme dans l'atelier,
à la Cour comme au Parlement, elle a fait briller, dans tout leur éclat,
les plus hautes vertus.

Gloires séraphiques.

De Grégoire à Benoît XV, quatorze Papes ont, sous les ornements
pontificaux, ceint le cordon symbole de la pureté et de l'humilité.
On compte par milliers les cardinaux et les évêques qui se sont fait une
gloire d'appartenir au Tiers-Ordre. De saint Louis, roi de France, patron
du Tiers-Ordre, pour les hommes, à sainte Élisabeth de Thuringe,
protectrice du Tiers-Ordre pour les femmes, à Anne-Marie de Savoie,
impératrice d'Autriche, à Don Pedro II, dernier empereur du Brésil, à
Garcia Moreno, président de la République de l'Équateur, qui, en mourant, s'écriait : « Dieu ne meurt point », on compte, parmi les Ter-

tiaires, environ trois cent quarante empereurs, rois ou reines, princes ou ducs, qui ont occupé les trônes les plus augustes de l'Ancien Monde ou du Nouveau.

Comment dénombrer les brillantes étoiles qui illuminent le ciel du Tiers-Ordre séraphique? Nous ne serons pas loin de la vérité si nous affirmons que le Tiers-Ordre compte à peu près mille saints ou bienheureux.

N'oublions pas d'autres gloires et nommons quelques-uns des Franciscains qui se sont illustrés dans les armes, les lettres, les arts, la poésie, la politique ou dans les œuvres sociales. Faut-il rappeler : de Pimodan, de Charette, Thomas Morus, Donoso Cortes, Dante Alighieri, Petrarque, Silvio Pellico, Lopez de Vega, Calderon, Verdaguer, le Tasse, Shakspeare, Palestrina et Paisiello, Cherubini et Liszt, Gounod, le bienheureux Raymond Lulle, Volta, Cimabue, Giotto, Raphaël, Michel-Ange, Léonard de Vinci, Louis Veuillot, Don Albertario, Christophe Colomb, Vasco de Gama, Léon Harmel, Alexandre Rossi, et tant d'autres.

A notre époque.

Cet hommage rendu par la science, par la sainteté et par les arts à la noble institution franciscaine est l'une des plus belles pages de son histoire depuis sept siècles. De là, l'importance que les âmes altérées de vie chrétienne ont toujours attachée au Tiers-Ordre ; de là aussi, l'amour que les Souverains Pontifes n'ont cessé de lui témoigner, toujours prêts à prendre sa défense et à le propager.

Léon XIII, en particulier, s'est plu, en maintes occasions, à montrer dans le Tiers-Ordre franciscain l'unique sauvegarde de la vie religieuse et sociale. Il a été, dans les temps modernes, le Pape du Franciscanisme. Dès son enfance, il aimait notre Séraphique Père, et sur la Chaire de Pierre il a gardé toute sa dévotion, tout son tendre amour pour le Poverello. A l'occasion du septième centenaire de saint François d'Assise, il a publié l'immortelle Encyclique *Auspicato concessum* où, dans une rapide mais lumineuse synthèse, il rappelle les vertus, les œuvres, les institutions du saint; et c'est là, à la gloire de François, un monument aussi grand, aussi beau, que les fresques de Giotto, la basilique de Frère Élie, les strophes de Dante. Presque en même temps, afin de faciliter aux fidèles l'accès du Tiers-Ordre et de faire pénétrer plus profondément dans l'Église l'esprit franciscain, par la Constitution *Misericors Deus* il réformait la Règle en l'adaptant aux exigences de la société contemporaine.

Le Tiers-Ordre reste donc un Ordre religieux proprement dit, bien que ses obligations aient été notablement adoucies. Par contre, grâce à Pie X, ses privilèges sont devenus plus nombreux. Comme son prédécesseur Léon XIII, comme son successeur Benoît XV, Pie X a libéralement favorisé la propagation du Tiers-Ordre.

Faisons-le remarquer à nos chers lecteurs : pour entrer dans le Tiers-Ordre, qui leur serait un foyer de pureté, de sainteté, d'énergie chrétienne, la limite d'âge est fixée à quatorze ans. Ceux qui n'ont pas encore atteint cet âge, peuvent, en attendant, faire partie de l'Association des Cordigères, établie pour promouvoir la dévotion à saint François et préparer l'entrée dans le Tiers-Ordre.

Fasse le ciel qu'il nous soit donné d'assister à un renouveau de l'esprit franciscain dans l'âme de la jeunesse; de voir ces jeunes cœurs épris de François dont la vie leur enseignera la pureté, le sacrifice, la joie du devoir accompli, les douceurs de la victoire remportée sur le monde, l'ardent amour de l'idéal, la donation de soi-même au Christ bien-aimé.

X

LE CŒUR DU SÉRAPHIQUE PÈRE

Témoins, par notre récit, des innombrables conversions opérées par le merveilleux apostolat de François, à la vue des nombreux frères et des pieuses vierges qui se pressent autour de lui, à la pensée de ces foules qui se font une gloire de porter le cordon bénit par lui et sollicitent la faveur d'entrer dans le Tiers-Ordre, votre surprise est grande, chers lecteurs, et vous vous demandez ce que frère Masseo se demandait lui-même. Écoutez donc la réponse !

Une réponse du Saint.

Frère Masseo qui devait devenir un modèle de la sainte humilité dans l'Ordre franciscain, mais qui, d'abord, ne manqua pas d'orgueil, voulut un jour, éprouver jusqu'où allait l'humilité du saint; et il lui dit à l'improviste :

— « Pourquoi toi? pourquoi toi? pourquoi toi? » —

A quoi saint François répondit : « Qu'est-ce donc que me dit là mon frère Masseo? »

Et le frère Masseo répondit : « Eh bien! c'est parce que le monde entier semble accourir vers toi, et que chacun cherche à te voir, à t'entendre et à t'obéir. Or, tu n'es certes pas beau. Ta science ni ta sagesse ne sont grandes; de naissance, tu n'es qu'un roturier. Pourquoi donc est-ce que le monde entier vient ainsi vers toi? »

Ce qu'entendant le frère François se réjouit en esprit. Élevant son visage au ciel, il resta longtemps immobile, la pensée tournée vers Dieu; et puis, revenant à soi, il s'agenouilla, et louant et remerciant Dieu avec une grande ferveur, il se retourna vers le frère Masseo et lui dit :

« Tu veux savoir pourquoi moi? tu veux savoir pourquoi moi? tu veux savoir et bien savoir pourquoi moi, et comment il se fait que le monde s'empresse vers moi? Eh bien! cela me vient de ces yeux très saints de Dieu qui, en tout endroit, contemplent les bons et les méchants. Car ces yeux très saints et bienheureux n'ont pas pu découvrir

parmi les méchants, un pécheur pire que moi, ni plus simple et plus vil ; et précisément à cause de cela, afin de rendre plus admirable l'œuvre qu'il veut accomplir, Dieu
n'a point vu sur la terre une créature plus vile que moi, et c'est précisément pour cela
qu'il m'a choisi ; car Dieu choisit les plus sots du monde pour confondre les plus sages,
et il a choisi les plus ignobles et méprisables et faibles du monde afin de confondre les nobles et grands et forts, et afin de montrer que toute élévation vient de
Dieu, non de la créature, et afin que la créature ne s'enorgueillisse pas de soi-même,
mais s'enorgueillisse seulement en Dieu, et afin qu'à Dieu seul soient honneur et gloire
pour l'éternité. »

Alors le frère Masseo, devant cette humble réponse proférée avec tant de ferveur,
se sentit tout stupéfait et reconnut vraiment que son saint Père était muni de la véritable humilité, en humble et authentique disciple du Christ [1].

Cette réponse, cependant, ne nous satisfait pas entièrement, parce
que nous sommes tous bien convaincus qu'il faut chercher une autre
explication à l'attrait mystérieux que saint François exerçait partout
autour de lui, et que c'est dans son cœur, dans son âme, dans son esprit
que nous pourrons en trouver le secret.

Peut-être, parmi nos jeunes lecteurs, en est-il qui, avec un sentiment
d'effroi, songent à certaines images ou statues où notre saint est représenté raide comme un cadavre, décharné, les yeux enfoncés, la bouche
contractée par l'amertume ; et cette image, ils l'associent à ce qu'ils
ont entendu raconter des effrayantes austérités des saints, du continuel
martyre que s'imposent des hommes étranges qui se sont condamnés à
étouffer en eux tout sentiment, à éteindre tout sourire par les macérations de l'ascétisme.

Portrait du Poverello.

Tel n'est point le portrait véritable de saint François. Sans doute il
a pratiqué le jeûne et la mortification ; mais il n'a jamais songé à accabler par caprice son pauvre « frère âne », ainsi appelait-il son corps, et
au milieu des plus cruels renoncements, des plus rudes privations, il
a toujours gardé une sérénité qui donnait à son visage je ne sais quoi
d'attrayant.

Nombreux sont les peintres et les sculpteurs qui ont cherché à nous
conserver ses portraits ; mais, de Cimabue à Arnaldo Zocchi, le dernier
artiste franciscain, il est difficile, croyons-nous, d'en trouver un seul
qui ait pu traduire, jusque dans les moindres détails, les indications
que les biographes nous ont laissées. Chez tous, cependant, on devine,

---

1. *Fioretti*, chap. x, trad. T. de Wyzewa.

on sent le tourment de l'artiste qui poursuit sa vision, et ne parvient pas à l'exprimer par le marbre ou sur la toile.

Entre ces œuvres diverses, et entre les plus anciennes, — par conséquent les moins éloignées de l'original, — il faut, nous semble-t-il, donner la préférence à une fresque de Giotto, qui se voit dans l'église inférieure de la basilique du saint à Assise, et à la statue de Della Robbia, que l'on conserve dans la cellule où le Bienheureux Père est mort. Vous en avez vu probablement quelque reproduction ; et, alors, rappelez-vous comment le saint vous y apparaît dans l'attitude du repos, le corps s'appuyant sur le pied gauche. Il y a quelque chose de touchant dans la façon dont les mains, marquées des stigmates, sont disposées. Le visage, doux et serein, est bien celui d'un homme qui a triomphé de soi-même, au point de n'avoir rien à craindre, et de pouvoir en toute sécurité, et avec amour, regarder toutes les créatures. On dit que Della Robbia a pris le masque du saint : les yeux sont entr'ouverts et donnent au visage l'expression de la paix. Dans la fresque de Giotto, les beaux yeux sont franchement ouverts et nous comprenons mieux le portrait que nous a transmis Thomas de Celano :

« Il était d'une taille un peu au-dessous de la moyenne, mais bien proportionnée. Il était maigre et d'une complexion délicate. Il avait un visage ovale, le front large, les dents blanches et serrées, le teint brun, les cheveux châtains, les traits réguliers, les lèvres vermeilles, un sourire enchanteur. Ses yeux noirs étaient pleins de feu, de douceur et de modestie. La paix, l'innocence et la candeur de son âme se lisaient sur son visage. »

Nature aimable.

A cet extérieur répondaient une nature aimable et douce, un cœur fort et tendre, ardent et généreux, qui lui a mérité son nom, « le *Séraphique d'Assise*.

On se sentait attiré vers cette âme merveilleuse, vers ce cœur qui, à l'exemple du Cœur du divin Maître, semblait inviter à se confier en lui, à s'y reposer ; et cette invitation, tous l'accueillaient avec joie et y répondaient sans crainte, s'en remettant à une bonté dont il avait donné tant de preuves.

Nous savons comment du Poverello émanait un charme singulier, capable d'attendrir les cœurs les plus endurcis, de gagner les esprits les plus orgueilleux, d'entraîner les plus rebelles dans la voie de la pénitence et de la perfection. Par un admirable prodige d'amour, il découvrait les pensées et les intentions secrètes; il savait guérir les blessures de l'âme, prévenir des déchéances lamentables, réparer les ruines morales avec une délicatesse exquise. Veiller ainsi au bien de ses Frères n'est point chose facile et c'est là un talent peu commun. Pour toucher et panser une blessure, il faut une main légère, sans quoi l'on risque d'envenimer la plaie ; cette condition est bien plus indispensable lorsqu'on veut guérir la plus précieuse, la plus fragile des choses, — l'âme.

On dirait que François a vécu aux côtés du Sauveur et qu'il a appris de lui l'art difficile de remédier à des maux incurables. A l'exemple de Jésus, ses préférences allaient aux pauvres, aux malades, aux pécheurs, et il avait pour eux une infinie tendresse. Son triomphe sur les passions, son intimité avec tous n'ont été, peut-être, que la conséquence et la récompense de la générosité de son cœur qui le portait à donner, à donner encore, sans calcul, sans retour égoïste, à tous les pauvres, à tous les faibles, à tous les opprimés.

L'ami des pauvres.

Dès les premières années de sa jeunesse, François avait coutume de faire souvent l'aumône aux indigents qui, toujours, surtout quand ils l'abordaient au nom du Seigneur, trouvaient dans son cœur une vive compassion. Encore enfant, lorsque sa mère lui confiait le soin de préparer la table pour le repas, il mettait plus de pain qu'il n'était nécessaire et comme on lui demandait pourquoi, il répondait ingénûment : « C'est pour mes frères les pauvres, que je porte en mon cœur. »

Un jour, — occupé dans le magasin de son père, — il refusa une aumône à un pauvre. Il en eut bientôt un vif remords et il se reprocha sa faute en ces termes : « François, si cet homme s'était présenté au nom d'un comte ou d'un baron, comme tu l'aurais bien accueilli! Il venait au nom du Roi des Rois, comment l'as-tu repoussé? » Et il courut après le pauvre, lui fit une riche aumône et se promit de ne jamais repousser quiconque recourrait à lui au nom du Seigneur. Cette promesse, il y a été fidèle toute sa vie.

Un des biographes nous raconte ce trait : on avait donné à François un magnifique manteau de laine pour se protéger contre le froid dont sa chétive tunique ne suffisait pas à le défendre, et il avait commencé à s'en servir. Mais voici qu'une pauvre vieille femme vient demander l'aumône, et comme il n'avait pas autre chose, il lui donne le manteau en lui disant de s'en faire un vêtement. Agréablement surprise, la bonne femme court chez elle et se hâte de tailler dans l'étoffe, de crainte que le donateur, regrettant sa générosité, ne vienne réclamer le manteau. Quand elle a fini de tailler, elle s'aperçoit qu'il n'y a pas de quoi faire le vêtement en question, et elle juge fort à propos de retourner vers son généreux bienfaiteur et de lui demander un peu plus d'étoffe. Sans doute pensez-vous, François congédia la quémandeuse! Point. Il pria le Frère qui l'accompagnait de faire comme il avait fait et de donner son manteau.

Plus d'une fois, il se priva ainsi du nécessaire; plus d'une fois il lui arriva de donner jusqu'à sa tunique. Le Père Gardien finit par le lui interdire! Mais son grand amour de la charité savait trouver des biais admirables pour donner, sans manquer à l'obéissance. D'habitude, il réussissait à persuader aux Supérieurs que ce genre d'aumônes était pour lui une obligation. Il disait : « Le Frère Mineur ne possède rien en propre; par conséquent, les vêtements qu'il porte ne sont pas à lui: il n'en a que l'usage. Il a donc le devoir de s'en priver toutes les fois que leur propriétaire légitime les réclame. Eh bien! les véritables maîtres ne sont-ils pas les pauvres qui n'ont pas de vêtements pour se couvrir et se garantir du froid ? » On n'osait répliquer à cette logique du cœur et le saint continuait ses libéralités.

Le bienfaiteur du peuple.

Non moins que les pauvres, François protégeait les petits et les faibles; il restait dans l'esprit qui, en sa jeunesse, donnait à son caractère quelque chose de chevaleresque : un chevalier doit prendre la défense des opprimés. Nous l'avons vu obéir à cet esprit.

Dans les premières années de son apostolat, à Assise même, il rétablit la paix entre les *Maggiori* et les *Minori*, c'est-à-dire entre les riches et les pauvres, entre les nobles et les plébéiens, en prenant la défense de ces derniers qui, à cette époque, souffraient d'une lourde oppression et étaient tenus en mépris. Il amena les deux partis à conclure un concordat de paix sociale.

Et toujours, dans la suite, il vint en aide aux malheureux, partageant même leurs fatigues matérielles, les consolant dans leurs épreuves, leur apprenant à aimer leur humble condition et la pauvreté.

Et c'est ainsi que le Poverello se montrait un véritable ami du peuple

Saint François donne ses vêtements à un pauvre (Giotto).

sans faire tant de conférences, de réunions publiques où les esprits s'échauffent et dont les démagogues profitent pour exciter à la lutte des classes. François venait en aide aux misères sociales en prêchant à tous, riches et pauvres, capitalistes et prolétaires, le respect des droits d'autrui et la fidélité à leurs propres devoirs. Il devenait de la sorte : « Le Père de la démocratie chrétienne ».

Les malades du bon Dieu.

Cependant, les malades et, très particulièrement, les lépreux avaient toutes les sympathies de son cœur paternel.

Entre tous les malheureux, les plus dignes de pitié étaient les lépreux parce que, pour eux, au mal physique s'ajoutait une souffrance cruelle : l'isolement auquel ils étaient condamnés, le mépris où on les tenait. On les regardait comme maudits de Dieu, et, par crainte de la contagion, on les bannissait de la famille et de la vie sociale.

Ils vivaient dans des huttes exclusivement réservées à cet usage; nul ne pouvait leur adresser la parole, sinon à distance et en cas de nécessité; on fuyait jusqu'à leur vue.

François lui-même, en sa jeunesse, avait horreur des lépreux ; il n'osait s'approcher d'eux pour leur présenter l'obole de sa charité, il la leur jetait de loin. Mais, dès le commencement de sa conversion, il résolut de vaincre sa nature sur ce point comme sur les autres. Un jour qu'il était à cheval, il aperçut au loin l'un de ces malheureux : son premier mouvement fut de tourner bride; mais, regrettant cette pensée, il s'efforça de vaincre sa répugnance instinctive. Il s'approcha du lépreux, mit pied à terre et, sur le point de déposer son aumône dans la main de l'infortuné, il baisa cette main elle-même. Après cette victoire, il n'éprouva plus de répugnance; il recherchait les lépreux et leur prodiguait ses soins.

Nous avons le récit d'une guérison miraculeuse due précisément à cet héroïsme dans la charité. Il y avait, dans un hôpital voisin d'Assise, un lépreux si impatient de son mal qu'il accablait d'injures les Frères chargés de le soigner, et ne cessait de contrister leur cœur par d'horribles blasphèmes contre Dieu. Les pauvres religieux supportaient les injures et les mauvais traitements sans se plaindre, mais ils ne pouvaient endurer que le Christ et sa sainte Mère fussent insultés. Ils songeaient à prier François de les retirer d'auprès de ce malade. François va trouver le lépreux et l'aborde en lui souhaitant la paix.

— « Quelle paix puis-je donc avoir, reprend le lépreux. — Au contraire Dieu m'a enlevé la paix en me condamnant à souffrir sur tout mon corps. Et saint François lui dit : « Très cher ami, prends patience, car ces maux qui sont infligés à nos corps profitent au salut de nos âmes, si nous les supportons sans nous plaindre. » Et le lépreux répondit : « Comment pourrais-je supporter mon mal avec patience, alors que ce mal me torture sans arrêt et le jour et la nuit? Car non seulement je suis brûlé et crucifié par mes souffrances, mais je me trouve encore violemment tourmenté par ces frères que tu m'as donnés pour me servir, attendu qu'il n'y en a pas un seul qui me serve comme il faut. » Mais saint François, sachant par révélation divine que ce malheureux était tourmenté par un mauvais esprit, s'en alla à l'écart et pria Dieu dévotement pour lui. Et puis, sa prière achevée, il revint vers lui et lui dit : « Mon très cher ami, c'est moi qui veux te servir désormais, puisque tu n'es pas content des autres. » Et le lépreux lui dit : « Soit! je le veux bien, mais que pourras-tu faire de plus que les autres? » Et saint François lui dit : « Tout ce que tu désireras, je te le ferai. » Et lui : « Eh bien! je veux que tu me laves, car tout mon corps exhale une puanteur si affreuse que je ne puis me supporter moi-même. » Alors saint François fit chauffer de l'eau avec maintes herbes parfumées. Et, ayant dévêtu le lépreux, il commença à le laver de ses saintes mains, pendant qu'un autre frère versait de l'eau sur lui. Et de même que cette eau lavait son corps extérieurement, de même elle le purifiait tout entier de sa lèpre, et l'âme de cet homme aussi, au dedans, se guérissait et se purifiait. Si bien que, lorsqu'il se vit guéri au dehors, sur le champ, dans l'excès de sa componction, il se mit à pleurer des larmes amères [1] ».

Les Frères brigands.

Cet épisode est très significatif parce qu'il nous montre comment le Poverello aimait, plus encore que ceux qui souffraient des maladies du corps, ceux qui souffraient des maladies de l'âme, c'est-à-dire les pécheurs.

Peut-être mes jeunes lecteurs ne comprennent-ils pas comment François, qui était un modèle de sainteté, qui ne craignait et ne haïssait rien autant que le péché, pouvait avoir une telle compassion, une telle tendresse pour les pécheurs, même pour les criminels. Qu'ils se rappellent l'exemple du Sauveur Jésus, — la perfection infinie, — qui a témoigné aux pécheurs la plus tendre charité, la miséricorde la plus grande. Le disciple ne faisait donc qu'imiter son divin Maître.

Remarquons plutôt ceci : c'est précisément par sa douceur, par sa bonté, par la suavité de ses manières que notre saint a pu obtenir la conversion de tant de coupables dont personne n'osait espérer le retour. Nombre d'épisodes en sont la preuve. Écoutez celui-ci :

Près du couvent de Monte Casale vivaient trois brigands qui attaquaient les passants et les dévalisaient, puis se cachaient dans le bois voisin. Un jour où, peut-être, il était tombé beaucoup de neige, et où ils n'avaient pu

1. *Fioretti*, chap. xxv, trad. T. de Wyzewa.

faire aucun butin, ils vinrent, pressés par la faim, au couvent et demandèrent à manger. Le Gardien, — un certain frère Ange, — les reçut durement et leur dit : « Quoi donc ? Il ne vous suffit pas de voler le bien des autres, et vous avez l'audace de venir dévorer ce qui est destiné aux pauvres du Seigneur ! » Et il les congédia. Et voici que saint François revint au couvent et apprenant la conduite du Gardien, il lui montra qu'il s'y était mal pris avec ces « frères brigands », et que, peut-être, quelques bonnes paroles et un peu de courtoisie les auraient ramenés à résipiscence. Il lui remit le pain et le vin qu'il avait recueillis en faisant sa quête et ordonna au Gardien d'aller à la recherche des trois malheureux, de s'agenouiller devant eux en leur demandant pardon d'avoir manqué de charité. Frère Ange obéit aussitôt et se mit en route. A son retour, il était accompagné des frères brigands qui se repentaient, mais craignaient d'être damnés, en raison de la gravité de leurs fautes. François les consola, les embrassa tendrement, leur parla de la miséricorde divine, du Christ mourant sur la croix pour nos péchés ; il sut si bien toucher leur cœur qu'ils résolurent de faire une sincère pénitence et entrèrent dans l'Ordre.

Non moins éclatante fut la conversion d'un redoutable brigand qui habitait parmi les rochers du mont Alverne ; il y détenait les passants jusqu'à ce qu'on les rachetât à prix d'argent. A cause de sa cruauté, on l'appelait « Loup ». François visitant un jour cette montagne, qui devait devenir si célèbre grâce au miracle des stigmates, rencontra l'assassin qui voulut le maltraiter. Mais le Poverello sut lui parler avec tant de douceur, le traiter avec tant de charité que cet homme cruel s'apprivoisa d'abord, puis pleura ses crimes, changea de conduite et devint un frère Mineur sous le nom de frère Agnello, que François lui-même lui imposa.

Frère Loup.

La Légende, de son côté, — mais c'est la Légende, — raconte qu'un vrai loup, un loup authentique, fut converti à une vie meilleure par la miséricordieuse bonté du saint. Mes jeunes lecteurs ont certainement entendu parler de ce fameux loup, — le loup de Gubbio. — Qu'ils nous permettent cependant de transcrire ici la narration des *Fioretti*.

Pendant que vivait encore le très saint Père François, il y avait sur le territoire de Gubbio un certain loup, terrible par la grandeur de son corps et très féroce dans sa rage affamée. Cette bête effrayante dévorait non seulement les animaux, mais aussi les hommes et les femmes, au point que les habitants étaient tenus par lui en telle épouvante et misère, que tous ne sortaient qu'armés, lorsqu'ils dépassaient les remparts de la ville, tout à fait comme s'ils avaient dû aller à un combat meurtrier. Et encore, ainsi armés, ne réussissaient-ils pas à échapper aux dents mordantes et à la rage implacable du loup, lorsque, pour leur malheur, ils venaient à le rencontrer. En conséquence de quoi une telle terreur les avait envahis que c'était à peine si quelqu'un, désormais, osait s'aventurer au-delà des portes de la ville. Or, Dieu, voulant notifier aux habitants susdits la sainteté de saint François, qui se trouvait alors dans leur pays, et aussi prenant leur sort en pitié, disposa le saint à sortir pour aller à la rencontre du loup. Et les habitants lui disaient : « Frère François, garde-toi bien de franchir la porte ; car ce loup qui a dévoré beaucoup d'entre nous, te tuera infailliblement. » Mais saint François, espérant dans le Seigneur Jésus-Christ, qui commande à tous les esprits de la chair, et non point protégé par un bouclier ou un casque, mais se munissant seulement du signe de la sainte croix, franchit la porte avec un de ses compagnons, mettant toute sa confiance dans le Seigneur, qui permet à ceux qui croient en lui de marcher sans dommage aucun sur le serpent et le basilic, et de fouler aux pieds, non-seulement le loup, mais le lion et le dragon. Et ainsi le très fidèle François, sans l'ombre de peur, sortit à la rencontre du loup. Et voici que, à la vue d'un grand nombre de personnes qui avaient grimpé sur des lieux élevés afin d'assister au spectacle, voici que ce loup terrible s'avança entre saint François et son compagnon, la gueule ouverte. Mais le Bienheureux Père lui opposa le signe de la croix, et ainsi par la vertu divine, il écarta ce loup aussi bien de lui-même que de son compagnon, et arrêta son élan, et lui ferma la gueule férocement ouverte. Et enfin, lui adressant la parole, il lui dit : « Viens à moi, mon frère loup ; et, au nom du Christ, je te défends désormais de nuire à moi ni à personne autre ». Et alors, chose admirable à dire, aussitôt qu'il eut fait le signe de la croix, il ferma cette gueule terrible. Et le loup, après le commandement du saint, se prosterna au pied de celui-ci, la tête baissée, tout de suite devenu comme un agneau, de loup effrayant qu'il était...

Et à cette terrible bête, ainsi prosternée devant lui, saint François dit encore : « Frère loup, tu fais bien des dommages dans ces régions et tu y as perpétré des méfaits horribles, en détruisant impitoyablement des créatures de Dieu ! Car non seulement tu détruis des animaux dépourvus de raison ; mais, ce qui est d'une audace plus détestable encore, il t'arrive de tuer et de dévorer des hommes faits à l'image de Dieu ! Aussi, mériterais-tu d'être mutilé dans une mort affreuse, comme un brigand et le pire des assassins ; et à cause de cela, tout le monde crie et murmure justement contre toi, et toute cette ville de Gubbio t'a en détestation. Mais, moi, frère loup, je veux faire la paix entre toi et eux, de telle sorte qu'eux-mêmes n'aient plus à souffrir de toi, et que toi, quand ils t'auront pardonné toutes tes offenses passées, ni homme, ni chien ne puisse plus te poursuivre à compter de ce jour. »

Et le loup, par les mouvements de son corps, de sa queue, et de ses oreilles, et par l'inclinaison de sa tête, faisait entendre qu'il acceptait pleinement tout ce que le Saint lui disait. Sur quoi, François lui dit : « Frère loup, puisqu'il te plait de faire cette paix, je te promets que, aussi longtemps que tu vivras, je ferai en sorte que les hommes de cette ville pourvoient chaque jour à ton entretien, de façon que jamais plus tu ne souffres de la faim, car je sais que tout ce que tu fais de mal, tu le fais seulement à cause de la rage où te plonge la faim. Mais, mon frère loup, avant d'obtenir pour toi une telle faveur, j'exige de toi la promesse que jamais tu ne feras de mal à personne, homme ni bête. Me promets-tu cela ? »

Et le loup, en baissant la tête, fit signe très manifestement qu'il promettait de faire ce que le saint exigeait de lui. Et saint François lui dit : « Frère loup, je veux que tu me donnes un gage, afin que je puisse, en toute confiance, croire à ta promesse. » Et comme saint François étendait la main, pour recevoir le gage de foi, le loup éleva pareillement son pied droit de devant, et doucement, avec caresse, il le posa sur la main de saint François, offrant son gage par l'unique signe dont il pût se servir.

Et alors, saint François lui dit : « Frère loup, au nom du Seigneur Jésus-Christ, je t'ordonne de venir tout de suite avec moi à Gubbio, afin de conclure cette paix au nom du Seigneur. » Et le loup, obéissant, se mit aussitôt en marche avec saint François, comme l'agneau le plus rempli de douceur. Ce que voyant, ceux de la ville commencèrent à s'émerveiller grandement, et aussitôt la nouvelle se propagea à travers la ville entière, de façon que tout le monde, hommes et femmes, jeunes et vieux, se rassembla sur la place, car c'était là que saint François s'était rendu avec le loup.

Et donc devant cette multitude énorme de peuple, saint François, s'étant levé, leur fit une prédication admirable où il leur dit entre autres choses, que de tels fléaux sont permis par Dieu à cause de nos péchés; et puis aussi, il leur dit combien était plus dangereuse encore la flamme dévorante de la géhenne, qui est vouée à dévorer les damnés pendant l'éternité, tandis que la rage du loup ne peut rien tuer que le corps; et il leur dit combien c'était chose terrifiante, d'être plongé dans l'abîme infernal, puisqu'une seule bête, et aussi petite, suffisait à mettre en telle frayeur et en tel danger une aussi grande foule. « Revenez donc à Dieu, mes très chers amis, et faites dûment pénitence; et le Seigneur vous délivrera du loup dans le présent, et, dans l'avenir, de l'abîme du feu dévorant ».

Et puis, après cela, il leur dit : « Écoutez-moi, mes chers amis! Mon frère le loup qui se tient là devant vous, m'a bien promis de faire la paix avec vous et m'a donné un gage de sa promesse, et il se fait fort de ne jamais plus vous causer le moindre dommage, si seulement vous promettez de pourvoir chaque jour à son entretien. Et moi, au nom de mon frère loup, je déclare sous ma foi qu'il observera fidèlement ce pacte de paix. » — Alors, toute l'assemblée, avec une grande clameur, promit de continuer scrupuleusement à nourrir le loup. Et saint François, en présence de tous, dit au loup : « Et toi, mon frère loup, promets-tu en présence de ces hommes d'observer le pacte, c'est-à-dire de ne jamais faire le moindre mal à qui que ce soit, homme ou bête? » Et le loup, s'agenouillant et baissant la tête, par les mouvements de son corps et de sa queue, ainsi que par un hochement caressant de ses oreilles, signifia à tous, d'une façon évidente, qu'il entendait observer le pacte promis.

Et saint François lui dit : » Frère loup, je veux maintenant que, de même que tu m'as donné ta foi tout à l'heure, quand nous étions en dehors des portes, de même maintenant ici, en présence de tout ce peuple, tu me donnes foi que tu observeras ta promesse et que tu ne me trahiras pas dans cet engagement solennel que j'ai pris pour toi! » Alors le loup, levant sa patte droite, la posa dans la main de saint François, sous les yeux de toute l'assistance. Et il se produisit alors une admiration et une joie si unanimes aussi bien par vénération pour le saint qu'en raison de l'étrangeté du miracle, que tous élevèrent au ciel de grands cris, louant et bénissant Notre-Seigneur Jésus-Christ qui avait daigné leur envoyer saint François et, par ses mérites, les avait délivrés de la gueule d'une bête cruelle et, au sortir d'un fléau si horrible, leur rendait maintenant la tranquillité et la paix.

Et depuis ce jour, le loup garda au peuple et le peuple au loup la promesse conclue par l'entremise de saint François. Et, durant deux années encore que ce loup eut à vivre, il alla librement par la ville, sans causer le moindre dommage à personne, ni sans que personne lui fît aucun mal; et toujours, il fut nourri, avec grand soin, aux frais de la ville. Et, chose très étonnante, jamais aucun chien n'aboyait contre lui. Et enfin le frère loup est mort de vieillesse; et sa mort a bien affligé les habitants de Gubbio, parce que la patience très paisible et bienveillante du loup, et même simplement le fait de le voir aller par la ville, rappelaient à tous le souvenir de la vertu et sainteté merveilleuses de saint François (1).

Avec ses frères.

De tels faits n'ont pas besoin de commentaires; ils parlent trop éloquemment par eux-mêmes. Notons plutôt ceci : puisque saint François avait un cœur assez tendre, assez généreux, pour aimer ainsi les plus misérables de ses frères, quelles devaient être sa bonté et sa tendresse pour ses amis intimes, pour les frères de son Ordre, qui formaient avec lui une seule famille! Il leur était véritablement une mère; il leur prodiguait les soins les plus affectueux, et c'est dans cette maternelle sollicitude à leur égard que les frères trouvaient la récompense du sacrifice accompli par le renoncement total aux choses de ce monde.

Nous avons vu dans notre préface comment un jeune frère qui vivait parmi les religieux, à la Portioncule, ne pouvant quitter François à cause de son affection pour lui, avait « lié sa corde à celle du Poverello », afin de le suivre, en se levant durant la nuit; comment François, qui s'en aperçut, dénoua le nœud sans rien dire.

Dans les premiers temps de l'Ordre, quand les pauvres frères habitaient encore l'humble réduit de Rivortoto, s'adonnant à la prière, aux mortifications et à la pauvreté, il arriva qu'une nuit l'un de ses frères se mit à gémir : « Je meurs, je meurs de faim! » François se lève aussitôt, fait allumer un flambeau et demande qui donc a gémi ainsi. C'était un des plus jeunes religieux qui, voulant imiter ses compagnons, s'était imposé un jeûne au-dessus de ses forces. Alors François ordonne de lui servir à manger, et de peur que le frère ne soit humilié de manger seul, il se met à table avec lui et y fait mettre les religieux présents. La collation achevée, il leur adresse quelques paroles, leur rappelle que, dans la pratique des pénitences, il faut tenir compte de ses propres forces, que sans doute on doit assujettir le corps à l'esprit, mais sans ruiner « frère âne » qui, au service du Seigneur, est l'associé de l'âme dans la prière et les labeurs de l'apostolat.

Autre épisode qui révèle bien la délicate tendresse de notre saint.

Nous sommes encore dans l'un des premiers ermitages franciscains. Un

(1) *Fioretti*, chap. xxi, trad. de T. de Wyzewa.

frère relève de maladie; il est en convalescence et le Père pense que le malade mangera volontiers une grappe de raisin frais. Sans lui rien dire, un matin, il sort dans la campagne un panier au bras; il entre dans une vigne, cueille quelques grappes et les apporte au frère en l'invitant à les manger en sa compagnie. Pour éviter au convalescent tout sentiment de honte, il est le premier à mordre dans le raisin.

Il se montrait plus affectueux encore, s'il est possible, quand il voyait ses frères souffrir en leur âme. Citons un exemple. François touche au terme de sa vie, et il est malade. Un frère, du nom de Richer, traverse une crise très douloureuse; il se croit indigne de la miséricorde de Dieu, il se croit réprouvé; la preuve, il la voit en ceci, que François semble lui témoigner moins d'affection qu'aux autres. Avant de s'abandonner au désespoir, il veut faire une dernière expérience : il ira trouver le saint et, s'il en est accueilli avec moins de bonté, ce sera un signe de sa réprobation. François, avec l'intuition propre aux cœurs aimants, comprend aussitôt ce qui se passe dans l'âme du pauvre frère; il prend un visage riant, vient au-devant de lui, l'embrasse tendrement et lui dit : « C'est une tentation ! j'ai pour vous l'affection la plus sincère. Vous la méritez entre tous. »

Du reste, toute la sollicitude du saint pour ses Frères, l'insistance avec laquelle il leur enseignait la plus parfaite charité, se révèlent en ces quelques mots qu'il prononça, un jour où plusieurs des siens voulaient se retirer dans une solitude pour s'y retremper après les fatigues de la prédication, et s'y recueillir à l'abri des distractions du monde : « Qu'ils aillent par groupe de quatre, dit-il; que deux s'occupent uniquement du spirituel, que les deux autres se chargent du matériel et leur servent de mères. »

« Qu'ils leur servent de mères! » Si quelqu'un de nos jeunes lecteurs ne saisit point tout le sens de cette parole où se montre à nous le cœur du saint, s'il n'en comprend pas la haute sagesse et la grande beauté, qu'il lise ces mots à sa mère et lui en demande l'explication : la réponse sera peut-être une larme de tendresse.

XI

SAINT FRANÇOIS ET LES CRÉATURES

Le cœur du Poverello était si large et si profond, si tendre et si généreux, si pénétré de charité et de ferveur, que tout en aimant Dieu pardessus toutes choses et en se donnant à tous ses frères, les plus petits, les plus faibles, les plus misérables, il sentait encore le besoin d'embrasser dans ce même amour la création entière. Et c'est là, peut-on et doit-on dire, le trait caractéristique de notre saint, que Dante appelle « tout séraphique dans l'ardeur » de sa charité et que les siècles et les peuples ont si bien nommé « le Séraphique d'Assise ». François a été l'ami de toutes les créatures, le grand poète de la nature, le doux chantre de la fraternité universelle.

François et les créatures.

Thomas de Celano aussi bien que saint Bonaventure, ces deux biographes les plus complets de notre saint et les plus autorisés, font expressément remarquer comment le Poverello, le cœur pénétré d'une douce piété en considérant l'origine première des choses créées, avait coutume de donner à toute créature, si petite qu'elle fût, le nom de « frère » ou de « sœur », puisque tous nous avons un même principe.

— « Qui nous dira — se demande Thomas de Celano — l'affection que le glorieux Père portait aux créatures de Dieu? quelle intime douceur il goûtait en reconnaissant en chacune d'elles comme un rayon des infinies perfections de Dieu? Sa joie était ineffable quand il contemplait le soleil, la lune et les étoiles dans l'azur du ciel. » Et le biographe continue avec un enthousiasme lyrique : « O piété simple, ô pieuse simplicité! François n'écrasait point les vers qu'il rencontrait sur son chemin ; il les portait délicatement sur le bord de la route de peur qu'ils ne fussent écrasés. » Il recommandait à ses frères de ménager aux pauvres abeilles, pendant l'hiver, du miel et du vin pour les défendre contre le froid et la faim. Aux religieux chargés de couper le bois dans les forêts, il conseillait de le faire de façon à ce que les petits oiseaux eussent encore de quoi construire leurs nids.

Il aimait les fleurs : elles lui rappelaient Jésus, le lys des vallées, et Marie, la rose de Jéricho ; il admirait leurs couleurs, il s'enivrait de leurs parfums. Bien qu'il voulût que, dans toutes les maisons de ses frères, le culte de Dame Pauvreté fût soigneusement pratiqué, il ne consentait jamais à les priver du luxe d'un jardinet où l'on cultiverait quelques fleurs.

Il avait une grande sympathie pour Sœur l'eau et Frère le feu ; il ne voulait point qu'on jetât sans attention l'eau à terre où elle risquerait d'être souillée, ni que, par caprice, on éteignit le feu.

François et les animaux.

Mais c'est surtout pour les êtres animés qu'il témoignait de la sollicitude et ceux-ci, à leur tour, savaient l'aimer. On se rappelle l'épisode de la cigale. Durant les longs jours de l'été, une cigale chantait sur un arbre, près de la cellule de François, à la Portioncule. Un jour, il lui commanda de sauter sur sa main qu'il lui tendait. La cigale obéit, et, sur l'invitation du saint, elle reprit son chant, en présence des frères. Le saint la félicita de son talent musical et la congédia. Pendant une semaine entière, chaque soir, vers l'heure des vêpres, ce fut la même scène, jusqu'au jour où le Poverello dut quitter Sainte-Marie-des-Anges. « Donnons congé à notre sœur cigale, dit-il à ses frères ; voilà assez de temps qu'elle nous réjouit par ses chants, nous finirions par en tirer vanité ! » Et aussitôt la cigale, « en brave fille d'obédience » s'en alla et on ne la revit plus.

Et le levraut qui, dans l'ermitage de Rieti, s'était laissé prendre au lacet par un Frère. A peine l'a-t-il vu, que François l'appelle à soi : « Petit frère levraut, viens ici ; pourquoi t'es-tu laissé prendre ainsi ? » Et la pauvre bête, laissée libre par le frère, court au saint et saute sur ses genoux. François la caresse longuement et la renvoie en liberté.

Semblable aventure arriva à un lapin ; il s'était réfugié sous les plis de la tunique du Poverello, qui le fit déposer dans le bois voisin.

Mêmes égards pour les poissons : il les faisait remettre dans l'eau lorsqu'on les avait pris vivants, et il leur recommandait plus de prudence à l'avenir.

François et les oiseaux.

Toutefois les préférences du Poverello allaient aux oiseaux et aux brebis. Sur ce point les épisodes abondent et ils sont charmants. L'un des plus connus est raconté par les *Fioretti* (chap. XVI).

Le saint s'éloigna de cet endroit (Cannara) et parvint à mi-chemin entre Cannara et Bevagna. Et il aperçut là quelques arbres, tout près de la route, où perchaient une telle multitude d'oiseaux divers, que jamais dans ces régions l'on n'en avait vu un aussi grand nombre. Et une foule énorme d'oiseaux se tenait également dans le champ, à côté des arbres susdits. Et saint François ayant vu cette multitude et s'en étant émerveillé, fut rempli de l'esprit de Dieu, et il dit à ses compagnons : « Attendez-moi ici, sur le chemin, pendant que je vais aller prêcher à nos frères les petits oiseaux. » Et il entra dans le champ, s'avançant vers les oiseaux qui se tenaient à terre. Et à peine eut-il commencé de prêcher, que tous les oiseaux perchés sur les arbres en descendirent vers lui, et tous, de même que ceux du champ, restèrent immobiles, cependant que le saint allait parmi eux, en touchant plusieurs de sa tunique...

Et saint François dit à ces oiseaux : « Bien des liens vous attachent à Dieu, mes petits frères les oiseaux; et partout et toujours vous avez le devoir de le louer à cause de cette liberté de voler en tous lieux qui vous appartient, et à cause de votre robe double et triple, et à cause de votre plumage merveilleusement peint et orné, et à cause de votre nourriture qui vous est fournie sans travail, et à cause du chant qui vous a été enseigné par le Créateur, et à cause de votre nombre multiplié par la bénédiction divine, et à cause de votre semence que Dieu a jadis conservée dans l'arche, et à cause de la manière dont vous est livré l'élément de l'air. Car vous ne semez ni ne moissonnez, et Dieu vous nourrit; et il vous a donné des rivières et des sources pour y boire, et des montagnes et des collines et des rochers pour y trouver refuge, et des arbres élevés pour y construire vos nids; et bien que vous ne sachiez ni filer ni coudre, c'est Dieu qui vous fournit, aussi bien qu'à vos enfants, le vêtement nécessaire. D'où vous pouvez voir que votre créateur vous aime beaucoup, qui vous a accordé tant de bienfaits. Et c'est pourquoi prenez garde, mes petits frères les oiseaux, de ne pas vous montrer ingrats, mais appliquez-vous toujours à louer Dieu. »

Et en entendant ces paroles du très saint père, tous ces oiseaux commencèrent à ouvrir leurs becs, à étendre leurs ailes ainsi que leurs cols, et à baisser dévotement leurs têtes jusqu'à terre et à prouver, par leurs chants et leurs mouvements, que les paroles que leur avait dites saint François leur plaisaient infiniment. Et saint François, de son côté, en voyant ce prodige, exultait merveilleusement en esprit et admirait une telle multitude d'oiseaux avec la variété charmante de leurs aspects, comme aussi leur affection et leur familiarité pleine de concorde; et, en conséquence de cela, il louait en eux l'admirable Créateur, et doucement les invitait eux-mêmes à le louer avec lui.

Puis, lorsqu'il eut achevé sa prédication et cette exhortation à la louange de Dieu,

Saint François bénit les oiseaux, et leur ordonne de se taire (Giotto).

il fit sur tous ces oiseaux le signe de la croix et leur donna licence de s'éloigner, en les exhortant encore instamment à la louange de Dieu [1].

Quelque chose de semblable se passa dans les lagunes de Venise, lorsque François sut rendre dociles des oiseaux en leur demandant de se taire tandis qu'il récitait l'office; et, à Aviano, lorsque sur son ordre des alouettes dont les cris troublaient sa prédication, obéirent aussitôt et gardèrent le silence.

Peut-être, cependant, l'épisode le plus classique en ce genre est-il celui-ci. Lorsque, pour la première fois, le Séraphique Père se rendit à l'Alverne et que, parvenu au sommet de la glorieuse montagne du Casentin, il s'assit pour se reposer à l'ombre de quelques arbres dont l'épais feuillage lui formait un abri, voici que, « de la plaine, des champs, de la forêt, des oiseaux accoururent à lui, à ses pieds, à ses flancs, sur son sein, sur ses bras, sur sa tête, » et gazouillèrent tous ensemble. « Sois le bienvenu! le bienvenu! » semblaient-ils dire en sautillant autour de lui, et le regardant de leurs petits yeux vifs, et l'effleurant de leurs battements d'ailes. Et François, ému de cette démonstration affectueuse, se retourna vers ses compagnons et leur dit : « On voit que la volonté de Dieu est que nous fixions notre demeure ici; puisque nos frères les oiseaux eux-mêmes montrent tant de joie à notre arrivée. »

Le Poverello aimait tous les oiseaux pour leur chant, pour la docilité avec laquelle ils l'écoutaient, pour la bienveillance qu'ils lui témoignaient. Mais, entre tous, il préférait les alouettes, parce que la couleur de leur plumage lui rappelait celle des vêtements de ses frères. « Si jamais, disait-il, je puis parler à l'empereur, je lui demanderai que, par un édit, il oblige tous ceux qui en ont le moyen à répandre du blé et des graines le long des routes, afin que les oiseaux, et en particulier nos sœurs les alouettes, soient dans l'abondance pendant les fêtes de Noël. » Et les oiseaux, en retour, surent bien rendre à leur saint ami affection pour affection : au jour de sa mort, au-dessus de l'humble abri qui le protégeait, ils firent entendre des chants qui disaient tout ensemble leur tristesse et leur joie.

Nos sœurs les tourterelles.

Le trait est bien connu. Relisons-le dans les *Fioretti*.

« Un certain enfant de la ville de Sienne avait pris au piège une grande multitude de tourterelles et les portait toutes vivantes, dans une cage, pour les vendre. Or

---

1. *Fioretti*, chap. XVI, trad. de Wyzewa.

saint François qui, toujours était rempli de pitié, et qui, en outre, éprouvait une compassion tout spécialement merveilleuse pour les animaux de caractère doux, ainsi que pour les oiseaux, lorsqu'il aperçut ces tourterelles se sentit pris d'une tendre charité, et dit à celui qui transportait ces oiseaux : « O brave enfant, je t'en prie, cède-moi ces tourterelles, afin que des oiseaux aussi innocents, et à qui dans l'Ecriture Sainte sont comparées les âmes chastes, humbles et fidèles, ne viennent pas à tomber entre les mains de cruels meurtriers. » Et aussitôt, l'enfant inspiré de Dieu donna toutes ses tourterelles au Bienheureux François. Et ce pieux Père, quand il les eut prises dans son sein, se mit à leur parler très doucement, en disant : « O mes sœurs tourterelles, créatures simples, innocentes et chastes, pourquoi vous êtes-vous laissées prendre? Mais moi, je veux vous arracher à la mort, et puis vous faire des nids, afin que vous y fassiez fructifier votre espèce et y accomplissiez l'ordre de votre Créateur qui vous commande de croître et de vous multiplier. » Sur quoi saint François s'écarta du chemin et leur fit des nids pour chacune d'elles. Et elles, ayant pris possession de ces nids construits par saint François, voici qu'elles pondaient et couvaient en présence de ses Frères, et montraient tant de familiarité envers saint François et les autres Frères qu'on aurait dit des poules qui, de tout temps, auraient été nourries de la main desdits Frères. Et jamais elles ne s'éloignaient d'auprès des Frères, avant que saint François les y eût autorisées avec sa bénédiction. »

Peut-être, chers lecteurs, l'épisode du faisan de la Portioncule et celui du faucon de l'Alverne vous sont-ils moins connus. Quelle poésie cependant, et quelles leçons! Permettez-moi de les raconter.

Thomas de Celano rapporte donc qu'un noble Siennois avait fait cadeau à François d'un faisan dans la pensée qu'il s'en nourrirait. Le saint accepta volontiers le présent, mais non point pour s'en régaler; il aimait trop toutes les créatures du bon Dieu. Il accueillit le faisan par ces mots : « Le Seigneur soit loué, frère faisan! » et l'animal parut répondre à ce salut en battant joyeusement des ailes. « Voyons, ajouta François, voyons s'il préfère la liberté dans les bois à la tranquillité du couvent! » Sur son ordre, le faisan fut porté par deux fois, d'abord dans une vigne, puis dans un lieu plus éloigné; et par deux fois, l'oiseau revint se blottir entre les bras du Poverello, en se glissant sous la tunique des Frères qui gardaient l'entrée de la cellule. François le caressa et lui fit donner à manger.

Plus tard, le médecin du couvent à qui l'histoire avait été narrée, témoigna un vif désir de posséder le prodigieux faisan, et François le lui céda pour reconnaître les bons soins du médecin. Frère faisan ne fut pas du même avis : aussi longtemps qu'il demeura chez son nouvel hôte, il refusa toute nourriture, et il fallut le rapporter au couvent. En retrouvant son ami, il fixa sur lui un long regard, donna les signes de la joie la plus vive et se mit à manger avec appétit.

1. *Fioretti*, chap. XXII, trad. de T. de Wyzewà.

Plus touchante encore me semble la légende de frère faucon qui, éntre tous les animaux amis de François, fut assurément le mieux récompensé.

Le frère faucon, — comme en général ses congénères, — préférait les lieux sauvages, les rocs et les lieux escarpés et fuyait la présence de l'homme; et pourtant, il se prit, pour François, d'une telle affection, qu'il s'établit non loin de la grotte du Poverello et devint son grand ami. Peu à peu il se rendit compte de ses habitudes et il allait non seulement lui tenir compagnie, le consoler, le récréer, par ses allées et venues et par son chant, bien que peu harmonieux, mais il se fit son réveille-matin. Chaque nuit il l'appelait à l'heure précise où François avait coutume de se lever pour prier; et lorsque le saint se sentait plus accablé par le mal, lorsqu'il avait passé une mauvaise nuit, frère faucon, par un noble instinct, par une attention courtoise, laissait son ami se reposer et ne l'éveillait que plus tard, à l'aube. Et chose plus admirable encore! en pareil cas, il adoucissait sa voix rauque et la rendait presque harmonieuse.

François ne pouvait rester indifférent à ces témoignages d'affection; il y répondit généreusement. Frère faucon fut l'objet de ses soins pendant son séjour sur l'Alverne et, quand il dut partir, il n'oublia point son ami, mais le remercia aimablement de sa charité.

Ce touchant épisode nous est encore, après sept siècles, rappelé par les peintres qui n'ont pu représenter le stigmatisé sans placer auprès de lui, son ami ailé — frère faucon.

Les brebis et les agneaux.

Si les brebis et les agneaux avaient la plus grande part à l'affection du saint, c'est parce qu'ils lui rappelaient l'Agneau immaculé. Pendant un voyage à Rome, on lui avait donné un agneau et, ne pouvant le conduire avec lui dans ses courses apostoliques, il l'avait confié à sa sainte amie, une veuve romaine nommée Giacomina de Settesoli en la priant de l'élever pour lui. L'agnelet s'attacha à cette dame et — saint Bonaventure nous l'affirme, — il la suivait partout dans la maison comme le plus fidèle des chiens, il lui faisait fête lorsqu'elle rentrait chez elle et s'il arrivait, quelque matin, que Giacomina tardât à se lever, il allait, par des bêlements plaintifs et en heurtant de sa tête la porte demeurée fermée, lui rappeler de se hâter pour se rendre à l'église.

Un jour qu'il traversait la campagne toscane, François rencontra un troupeau de brebis : il les salua en des paroles si douces que brebis et agneaux, les moutons eux-mêmes, abandonnèrent le pâturage pour courir à lui, l'entourer en bêlant, sauter à ses côtés, en lui témoignant leur joie.

Un certain jour, en traversant la marche d'Ancône, il trouva un homme qui portait deux agneaux sur l'épaule. Leurs douloureux bêlements touchèrent François qui se mit à caresser les pauvres bêtes en pleurant comme une mère pleure sur son fils.

— « Pourquoi, dit-il à l'homme, pourquoi faire souffrir de la sorte mes frères les agneaux ? »

— « Je les porte au marché pour les vendre ; j'ai besoin d'argent. »

— « Et les acheteurs, que feront-ils de mes agneaux ? »

— « Ils les tueront et les mangeront. »

— « Ah ! pour cela, non ! Tiens, voilà mon manteau (ce manteau avait été donné au saint ce jour même pour le garantir contre le froid), donne-moi les agneaux ! »

L'homme accepta volontiers et déjà il s'était éloigné lorsque le Poverello, ne sachant que faire des deux agneaux, le rappela et les lui rendit en lui recommandant de ne plus les vendre, mais de les élever pour lui.

La brebis d'Osimo.

Et la célèbre brebis d'Osimo ! C'est Thomas de Celano qui nous a conservé ce charmant épisode, et le biographe mérite bien notre créance.

Dans le voisinage d'Osimo, François aperçoit un troupeau de chèvres qui paissaient ; et, au milieu des chèvres et des boucs, une brebis, toute timide, dont la vue lui rappelle le Sauveur parmi les scribes et les pharisiens. Ému jusqu'aux larmes, il prie son compagnon, frère Paolo, Provincial des Marches, d'acheter la brebis, pour la tirer de ce mauvais milieu. Frère Paolo n'est pas plus riche que François, il ne possède que sa pauvre tunique. Un négociant vient à passer et, pour eux, il acheta la brebis. Tout joyeux, le saint s'en empare, la conduit à Osimo et entre dans la ville ; suivi de l'animal, il va rendre visite à l'évêque, lui raconte l'aventure en y joignant de touchantes paroles.

La brebis fut donnée à un couvent de Sœurs qui l'accueillirent comme un don venu du ciel ; et, plus tard, elles firent de sa laine une tunique qu'elles envoyèrent à François alors à Portioncule [1].

Est-il vraiment nécessaire d'insister, chers amis, sur la conclusion pratique que vous devez tirer de ce chapitre ?

---

1. Nous n'avons pas traduit quelques pièces de vers, empruntées au *Giornalino della Dominica*, sous le titre de *La Tonaca del fraticello* et signées *Marino Moretti* (Note du traducteur).

Statue de Saint François avec une brebis (Rossignoli).

Vous avez bien compris, n'est-il pas vrai? que notre saint nous apprend à aimer non seulement le Seigneur qui règne dans le ciel et nos frères qui vivent avec nous sur la terre, mais encore toutes les créatures dont le bon Dieu a peuplé notre univers.

C'est sur le devoir que nous avons d'aimer les animaux que nous voudrions attirer votre attention. Il ne faut point exagérer l'amour pour les animaux privés de raison, comme le font certaines personnes étranges, malades, hystériques qui idolâtrent leur chien, leur chat ou leur perroquet. Mais d'autre part, gardons-nous de nous montrer cruels pour les animaux. Vous devez les aimer, les protéger, les défendre, ne point les battre sans motif, ne point les faire souffrir inutilement.

Et surtout, voyez en tous les êtres une manifestation des perfections de Dieu, un reflet de ses attributs, une preuve de sa puissance et de sa bonté, et vous aussi, vous trouverez, dans le spectacle de la nature, un motif à louer le Seigneur.

XII

VIE INTIME DU SAINT

Jusqu'ici, nous avons étudié notre saint dans ses rapports extérieurs avec les créatures. Sans doute, nous avons pu entendre battre son grand cœur et analyser ses sentiments, mais nous n'avons pas pénétré dans sa vie intime, dans le sanctuaire de son esprit, dans le jardin mystique de son âme pour contempler le merveilleux spectacle que doit nous offrir la magnifique floraison des plus belles vertus de la perfection séraphique.

Nous allons le faire pour la consolation, l'édification et l'encouragement de nos âmes.

Le modèle des Frères.

Une des raisons principales de la rapide et prodigieuse diffusion des institutions franciscaines est, nous semble-t-il, la méthode d'enseignement adoptée par l'Apôtre ombrien ; par son exemple, il jetait l'enthousiasme dans les esprits, se gagnait les cœurs. Convaincu que les paroles n'ont qu'une efficacité momentanée, de peur aussi de ressembler à ces docteurs qui, d'après l'Évangile, imposaient aux autres un fardeau dont ils refusaient de se charger eux-mêmes, le Patriarche séraphique voulait donner le premier l'exemple et pratiquer ce qu'il enseignait.

Il savait la force de l'exemple et, dans toutes les instructions adressées à ses Frères, il insistait sur ce point. Un jour, il dit à l'un de ses compagnons : « Allons prêcher. » Et ils sortirent du couvent, les mains modestement cachées dans les manches de la tunique, les yeux baissés, le visage recueilli. Quand ils eurent circulé assez longuement à travers les rues et les places publiques, ils regagnèrent leur cellule sans avoir prononcé une seule parole.

— « Mon Père, demanda timidement le compagnon de François, quand donc ferons-nous la prédication ? »

— « Nous l'avons déjà faite, par notre bon exemple, » répondit le saint.

Voilà pourquoi, dans la Règle des Frères Mineurs, il a écrit ce précepte d'une extrême importance : « Les Frères prêcheront par leur exemple plus encore que par leurs paroles. » Et le Maître avait, certes, le droit d'imposer cette obligation à ses fidèles disciples parce que tous pouvaient contempler en lui un parfait modèle. Il avait, certes, le droit d'inculquer la charité et l'amour fraternel, lorsqu'ils voyaient en lui un séraphin brûlant d'amour. Il pouvait, certes, exiger qu'ils fussent fidèles à Dame Pauvreté, lorsque, le premier, il se privait volontairement de toute commodité. Il pouvait, certes, leur commander de donner, de donner sans préoccupation du lendemain, alors que lui-même, si souvent, donnait aux mendiants jusqu'à sa tunique; il pouvait envoyer ses Frères quêter les aumônes en bravant tout respect humain, lui qui avait renoncé au bien-être dont sa jeunesse fut entourée et aux honneurs auxquels il serait facilement arrivé; et, d'ailleurs, on le voyait aller lui-même de porte en porte, mendiant le pain de la charité. Il pouvait, certes, prescrire une obéissance absolue, une pureté intacte, la mortification des sens, puisque, dans sa propre personne, il offrait à tous le plus radieux exemple.

Dame Pauvreté.

Mais ne nous bornons point à ces affirmations générales. Il s'agit d'une question pratique, et il importe, dans cette étude consacrée à saint François, d'examiner plus attentivement les fleurs exquises qui embaument le cœur de notre saint et d'en respirer le parfum.

Nous trouvons, tout d'abord, Dame Pauvreté, la pauvreté évangélique, la reine des vertus franciscaines, la fleur la plus précieuse, quoique la plus austère, du jardin séraphique.

Qui donc ignore l'amour de François pour cette épouse de son cœur? Nous avons vu comment Giotto et Dante, l'un par le pinceau, l'autre par la poésie, ont immortalisé la scène divine des noces du Poverello et de Dame Pauvreté. Ce n'est là, cependant, qu'un épisode isolé de sa vie. Mais nous savons qu'en réalité, à dater du jour où, sous le regard de Dieu bénissant ces fiançailles célestes, François a pris pour son épouse mystique la chaste jeune fille, pauvrement vêtue qui foulait aux pieds l'or et les bijoux, jusqu'à l'heure où, à la Portioncule, il expira sur la terre nue, François est toujours demeuré fidèle à Dame Pauvreté et qu'il mourut en la léguant à ses fils comme leur trésor le plus précieux, comme leur héritage le plus sacré. Dès lors il avait bien le droit de proclamer hautement, avec un légitime orgueil : « Je n'ai jamais trahi ma Dame Pauvreté ».

En tout, partout et toujours, il fut pauvre : dans les vêtements, puisqu'il se contentait d'une seule tunique, et quelle tunique, toute rapiécée! — dans la nourriture, toujours grossière au point qu'il finit par se ruiner l'estomac, — dans l'habitation, qui fut toujours la cellule la plus pauvre de l'ermitage ou du couvent.

Jamais il n'envia rien à personne; il versait les larmes d'une sainte jalousie chaque fois qu'il rencontrait un plus pauvre que lui; son plus grand bonheur était de goûter les « douceurs de Dame Pauvreté »; sa plus grande tristesse était de voir la Pauvreté méprisée.

On lit dans les *Fioretti* qu'un jour Frère François et Frère Masseo allaient quêter pour l'amour de Dieu. Après quoi, ils se retrouvèrent auprès d'une fontaine, sur le bord de laquelle s'étendait une pierre large et belle; c'est sur cette pierre qu'ils disposèrent les divers morceaux de pain obtenus en mendiant. — Et François dit : « O mon Frère Masseo, nous ne sommes pas dignes d'un si grand trésor! » Et puis, élevant la voix peu à peu, il répéta à plusieurs reprises ces mêmes mots. Et le Frère Masseo lui répondit : « Mais, très cher Père, comment peux-tu parler de trésor, là où il y a telle disette que nous n'avons même pas de plat, ni de couteau, ni d'écuelle, ni de maison, ni de table, ni de serviteurs ou servantes? » A quoi saint François répondit : « C'est précisément ce que tu dis là que je considère comme un grand trésor, c'est-à-dire de ne rien posséder de tout ce que prépare l'industrie humaine. Mais tout ce que nous avons d'autre nous est intégralement fourni par la Providence divine, ainsi qu'il apparaît manifestement dans l'obtention de ce pain, et dans la rencontre d'une pierre si belle et d'une fontaine si limpide. Et aussi, entends-je que nous demandions à Dieu qu'il nous fasse aimer de tout notre cœur ce trésor de la sainte pauvreté, trésor si noble, et qui nous est offert par Dieu lui-même [1].

Et cela dit, François, pénétré d'une séraphique ardeur, entra dans une église pour remercier le Très-Haut de lui avoir accordé un trésor si précieux.

Le repas de Pâques.

Un jour il se rendit à l'ermitage de Grecio pour la solennité de Pâques. Il s'aperçut que les Frères avaient préparé une petite fête. Les tables étaient plus hautes qu'à l'ordinaire, la nappe était blanche, etc... Blessé jusqu'au

---

1. *Fioretti*, chap. XIII, trad. T. de Wyzewa.

fond du cœur par ce qu'il regardait comme une insulte faite à Dame Pauvreté, il ne voulut point réprimander ses Frères sur le champ ni les enlever à leurs occupations, mais il songea au moyen de leur donner une leçon très efficace. Il sortit en secret du couvent, emprunta à un mendiant qui passait les haillons qu'il portait et attendit que les Frères se rendissent au réfectoire. Alors, il se présenta à la porte, comme un pauvre demandant l'aumône. Sur leur invitation, il entra. Songez quelle dut être la stupéfaction des Frères quand ils reconnurent leur Père et Maître!

François voulut rester dans son rôle. Il s'assit à terre, se fit donner une écuelle qu'il déposa sur la cendre.

— « Au moins, s'écria-t-il, je serai assis comme doit l'être un Frère Mineur! »

Il prit son repas dans cette position, en répétant doucement : « N'oubliez pas, mes Frères, que les exemples de pauvreté que le Fils de Dieu nous a donnés doivent nous presser plus que les autres religieux. Il m'a été impossible, quand j'ai vu cette table ornée et bien servie, de reconnaître les mendiants qui vont de porte en porte. »

Et, pourtant, il s'agissait d'un repas préparé pour une des plus grandes solennités de l'année et pour fêter l'arrivée de François! Qu'aurait dit notre saint s'il avait connu certains enfants, — petits et grands, — qui ne sont jamais contents de ce que la Providence leur donne, qui se plaignent de tout et de tous, qui voudraient trouver la joie et le bonheur dans les commodités et les richesses du monde! Dans son Évangile, le Seigneur Jésus n'a point proclamé la béatitude des riches, mais celle des pauvres et des pauvres d'esprit, parce que, dit-il, ils posséderont la terre, — la terre de ce monde, puisqu'ils ne manqueront jamais de rien s'ils se confient en la Providence — la terre de l'autre vie, dans la béatitude de l'éternité.

Traits d'humilité.

« *Franciscus pauper et humilis* », François pauvre et humble. C'est ainsi que l'Église appelle notre Saint; elle nous montre par là quelles furent, dans l'esprit du Séraphique d'Assise, les vertus fondamentales.

Donc, à côté de la pauvreté évangélique, nous pouvons et nous devons considérer en lui la sainte humilité. Cette vertu est la violette du jardin franciscain : elle parfume l'âme du Poverello.

François fut intimement et profondément humble parce qu'il se connaissait dans la vérité, parce qu'il savait que tout ce qu'il possédait de bon et de beau était, en lui, un don du Seigneur. Il ne pouvait supporter la moindre louange, convaincu qu'il ne la méritait point. Il n'aimait que les réprimandes et les injures qu'il croyait dues à sa faiblesse, à sa misère.

Qu'importe qu'il n'eût point à se reprocher des fautes graves dont le souvenir est toujours accompagné de remords, qui laissent l'âme troublée et la marquent du stigmate de la honte! François vous répondrait qu'il ne mérite ni la miséricorde du Seigneur, ni les honneurs du monde, parce que, seule, la grâce divine l'a préservé de tomber dans l'abîme du péché; et qu'il n'a fait aucun bien, parce que, si les dons qu'il a reçus avaient été accordés à un autre, cet autre y aurait mieux répondu. Et voilà le tourment des âmes élevées : elles éprouvent toujours des aspirations plus hautes et elles doutent de pouvoir atteindre l'idéal, parce que tout progrès, toute victoire, tout héroïsme leur semblent trop peu de chose en comparaison de ce qu'elles devraient et pourraient faire avec le secours de la grâce. Si le Poverello comprenait ainsi la vertu et la sainteté, s'il avait pour lui-même un tel mépris, on ne s'étonnera plus des actes d'humiliation et d'abaissement que nous racontent ses biographes.

Nous ne pouvons oublier quelle impression tout ensemble d'effroi et d'admiration a été la nôtre, la première fois que nous avons lu dans les *Fioretti* un de ces épisodes qui nous paraissait à peine croyable. Un jour le Saint, désireux de s'entretenir des choses divines avec son bien-aimé Frère Bernard, alla le chercher dans le bois où il s'était retiré pour prier. Plusieurs fois il l'appela sans obtenir une réponse, parce que Bernard était absorbé dans la contemplation au point de ne pas entendre la voix de son cher Maître. François, un peu chagriné, s'étonnait de son silence lorsqu'il connut, par une révélation d'en haut, que Bernard ne répondait pas parce qu'il était dans la prière, « à tel point hors de soi » qu'il ne s'était pas aperçu de son appel. Ce qu'ayant compris, saint François, aussitôt, d'un pas précipité, retourne vers le Frère Bernard afin de s'accuser humblement de ses pensées de tout à l'heure. Puis, saint François lui dit : « Au nom de la sainte obéissance, j'exige que, pour punir la présomption et l'audace de mon cœur, moi étant couché à terre, tu appuies ton pied sur ma gorge et mettes l'autre pied sur ma bouche, de façon que, me foulant aux pieds la gorge et la bouche, tu passes sur moi à trois reprises, d'un côté vers l'autre. Et, tout en passant ainsi, j'exige que tu me dises des injures : « Reste là étendu, me crieras-tu, méchant fils de Pierre Bernardone. » Et tu m'accableras encore de maintes injures bien plus fortes, en me disant : « D'où donc te vient tant de superbe, à toi qui es une créature si profondément vile? »

La pénitence était dure, mais que l'obéissance dut coûter au pauvre Frère !

Quelque chose de semblable avait eu lieu peu de temps auparavant ; mais, cette fois, l'humiliation s'était changée en triomphe. Un jour, le Poverello se trouvait, avec son ami Frère Léon, en un lieu où ils n'avaient pas de bréviaire pour dire l'office. Voulant consacrer ce temps à louer le Seigneur, François proposa à la « petite brebis du bon Dieu » de réciter avec lui ce psaume d'un nouveau genre. Et François commença ainsi :

— « Je dirai : François, tu as commis tant de péchés que tu es digne d'aller en enfer. — Et toi, Frère Léon, tu me répondras : Il est bien vrai que tu mérites l'enfer ».

Le bon Frère avait promis d'obéir ; mais quand il fut question de répondre, il arriva qu'il dit : « Dieu fera par ton entreprise tant de bien que tu iras en paradis. »

Et le saint eut beau le conjurer avec larmes de répéter exactement les paroles qu'il lui suggérait, Frère Léon ne put jamais lui obéir et, toujours, il répondait par une louange. — Et il dit : « Dieu sait que, chaque fois, j'ai eu l'intention de te parler selon ce que tu m'avais ordonné ; mais c'est Dieu qui m'a fait répondre selon son bon plaisir et non point suivant mon intention ». — Évidemment, Dieu voulait récompenser la grande humilité de son serviteur.

François a su descendre à un degré plus profond encore d'humiliation. Il arrive même aux âmes les plus orgueilleuses d'éprouver, du moins en certains moments, le besoin de s'humilier devant un cœur ami, dont il est doux d'implorer le pardon en confessant sa propre misère. Mais qui donc ira, sans qu'il lui en coûte affreusement, révéler ses faiblesses à des inconnus, et surtout à des personnes qui le placent bien haut dans leur estime ? Eh bien ! notre saint a été jusque-là.

En voici un exemple. François, dans une maladie, avait dû manger de la viande. Ne pouvant tolérer qu'on le regardât comme un pénitent, alors qu'il s'était écarté de son régime habituel, il voulut que tout le monde connût ce qu'il appelait sa faute. Il ordonna au Frère Cattaneo, son vicaire, de lui lier une corde au cou et de le conduire à Assise, sur la place publique, en criant : « Voyez, voici un glouton qui mange de la viande en cachette ». — Naturellement, ces paroles produisirent sur la foule accourue à ce spectacle, un effet tout contraire à celui que François désirait ; et des larmes étaient dans tous les yeux.

Comment François traitait « frère âne ».

La vie du Poverello fut une suite ininterrompue de mortifications tantôt petites et humbles, tantôt grandes et douloureuses. Plein d'indulgence et de prévenances pour les autres, il n'avait aucune pitié pour soi-même à ce point qu'à la fin de sa vie, il éprouva du remords pour la façon dont il avait traité son « frère âne », son pauvre corps qui fut, cependant, en lui, l'humble et doux serviteur de l'esprit.

On l'eût dit insensible et que tout ce qui peut nous causer ennui ou souffrance fût pour lui une cause de joie intime. Toute vaine satisfaction, toute passion mauvaise, toute inclination moins bonne étaient éteintes en lui; les jeûnes, les pénitences corporelles, les privations habituelles l'avaient accoutumé à ne tenir aucun compte de la faim, de la soif, de la chaleur ou du froid, du manque de commodités, de tant de choses qui nous paraissent indispensables. La garde sévère de tous ses sens l'avait rendu presque étranger à la terre et, pour lui, les créatures, quelles qu'elles fussent, n'avaient d'autre attrait que celui de lui représenter les œuvres de la puissance et de la bonté de son Dieu, et elles lui étaient une source de joie en élevant son âme vers le Créateur.

Le seul soulagement qu'il accordait à son corps était de passer les longues heures de la nuit en prières, heureux de se sentir en intime communication avec Dieu, dans le silence des lieux déserts qu'il choisissait de façon à n'avoir aucun témoin de ces veilles.

Sœur Chasteté.

Dans ces conditions, il est facile de comprendre comment, malgré le contact avec le monde, — contact que nécessitait sa vie d'apostolat, — François a pu garder intact, dans toute son intégrité, le lys de la belle vertu qui est la vertu spéciale de la jeunesse, la chasteté du corps et la pureté de l'âme.

Un ancien biographe raconte qu'un jour Frère Léon eut une vision toute poétique et singulièrement suggestive. Il voyait le bienheureux François sur le sommet d'une haute montagne, au milieu d'un magnifique bosquet d'arbres, d'un radieux parterre de lis et de roses. Autour de lui voletaient des oiseaux qui gazouillaient divinement et le saint tenait entre ses mains une moisson de belles fleurs. Et Frère Léon entendait une voix qui disait : « Cette montagne très haute est la sainte virginité; et saint François a, dans les mains, des lis et des roses parce qu'il est vierge d'esprit et de corps ».

Et en effet, de même que la grâce du Seigneur l'avait préservé de toute chute honteuse au cours de sa jeunesse au milieu des séductions et des périls du monde, de même, après sa consécration religieuse, il sut se conserver pur de la moindre souillure. « Qu'il était beau à voir : — s'écrie Thomas de Celano — qu'il était beau à voir dans l'innocence de ses mœurs, dans la candeur de son âme, dans l'angélique expression de tous ses traits! » Assurément, voilà le secret du charme qui lui gagnait tous les cœurs et de l'empire qu'il exerçait jusque sur les créatures inférieures.

N'allez pas croire pour cela, chers lecteurs, que le saint eût une nature différente de la nôtre! qu'il fût à l'abri des dangers et préservé des tentations du démon; qu'il ne sentît point les vulgaires sollicitations des sens. Sa pureté fut, plus d'une fois, soumise à une dure épreuve; mais, dans son humilité et sa ferveur, il sut toujours remporter la victoire. S'il vous est donné, un jour, d'aller à Assise, les religieux franciscains qui gardent la basilique de Sainte-Marie-des-Anges vous montreront, dans un petit jardin voisin de l'église, des rosiers sans épines dont les fleurs paraissent tachées de sang. La tradition veut que ces roses aient fleuri parmi des ronces dans lesquelles, une nuit, François, sentant plus vives les attaques de l'ennemi, se jeta pour triompher; et son sang virginal a donné à ces fleurs de rosiers sans épines cette belle teinte de pourpre. Quel symbole éloquent! des épines naissent des roses, du sacrifice naît la pureté! Rappelez-vous cette leçon.

Autres fleurs du ciel.

Il est encore d'autres vertus que nous pouvons contempler en l'âme de notre saint. Elles nous aideront à mieux pénétrer dans son esprit et à nous montrer en lui le parfait modèle de ses Frères. Disons quelque chose de son obéissance et de sa simplicité.

Il est facile de constater que François aimait mieux obéir que commander. Il savait bien que les plus belles victoires de l'esprit sont promises à l'âme obéissante; et puis, il était si modeste, si humble, si petit! comment se serait-il résigné à faire le supérieur, bien qu'il fût le fondateur de l'Ordre?

Voilà pourquoi il a toujours choisi de rester le plus obéissant des inférieurs. Cette résolution, il l'a révélée plus tard dans son Testament, mais il y a été fidèle toute sa vie : « Je veux constamment obéir au Ministre Général et au Gardien qu'il lui plaira de me donner; je veux me mettre entre ses mains de façon à n'agir que d'après sa volonté parce qu'il est mon Seigneur et maître. » Belle leçon pour nos jeunes lecteurs.

Apprenons aussi du Poverello la sainte simplicité. Sans doute, c'est une vertu propre à l'enfance; mais la simplicité, sachons-le bien n'est point puérilité ni mièvrerie. François la nommait : « la sœur de la sagesse ». Il nous a montré quelle est sa nature dans un épisode qui remonte aux premiers jours de l'Ordre. Un jeune laboureur du nom de Jean était entré parmi les Frères et on l'avait surnommé « le simple ». Il voulait imiter François en toutes choses, se levait quand il le voyait se lever, soupirait, toussait, levait les bras au ciel lorsque le Saint soupirait, toussait, levait les bras au ciel; bref, Jean faisait exactement ce qu'il voyait en François. Quand le Maître s'aperçut de cette tactique et qu'il en connut le motif, il essaya d'expliquer au bon Frère qu'il n'était nullement nécessaire d'agir ainsi et que la simplicité demandée aux enfants de Dieu ne consiste pas en cela, qu'il fallait travailler à imiter fidèlement le divin Rédempteur. En d'autres termes, être simple, c'est savoir si bien conformer sa volonté à celle de Dieu qu'on s'abandonne entièrement entre ses mains paternelles sans préoccupation ni crainte, et de là vient la lumineuse sérénité des âmes innocentes, — sérénité qui est le plus bel apanage de l'enfance.

Eh bien! notre saint a été un parfait modèle de cette confiance toute filiale dans le Seigneur et c'est pourquoi, en tous les actes de sa vie, il s'est montré d'une simplicité sur laquelle il n'est pas besoin d'insister ici, puisqu'elle est devenue en quelque sorte proverbiale. Ne dit-on pas, en effet, la simplicité franciscaine?

Et s'il en est ainsi, n'en aimerons-nous pas davantage encore le Poverello puisque son âme toute simple le rapproche des jeunes cœurs, pleins de candeur et vibrants d'enthousiasme, affranchis des entraves créées par une société hypocrite, superficielle, qui s'arrête aux apparences et non à la valeur réelle des choses? Et, avec François, n'aimerons-nous point, à cause même de cette exquise vertu, son disciple préféré, Frère Léon « la petite brebis du bon Dieu » que nous connaissons déjà et dont, pour faire son éloge, il suffit de dire : « Il eut l'innocence et la simplicité de la colombe ».

La plus suave dévotion.

Arrêtons enfin notre regard sur une autre fleur de la charité divine. Elle orne, telle une gemme brillante, le joyau précieux qu'est l'âme de François, et cette vertu nous pouvons l'appeler la ferveur. Grâce à elle, notre saint a mérité un titre qui, à lui seul, est tout un poème : on le nomme « Séraphique dans l'ardeur ».

L'ardeur de ce Séraphique Père le portait à l'union intime avec tout ce qu'il y a de plus élevé, de plus sublime, de plus divin au ciel et sur la terre : avec Dieu, notre Père, pour lequel il avait un amour pénétré de vénération ; avec Marie Immaculée, douce Mère qu'il chérissait comme le fils le plus tendre ; avec Jésus-Christ, Charité infinie qu'il aimait passionnément.

Aucune prière ne fut plus élevée, plus confiante, plus ardente que celle du Séraphique d'Assise. Bien souvent, il fut ravi en extase. Sa prière était continuelle. En effet, puisque prier c'est élever notre esprit et notre cœur vers Dieu, le Poverello qui était toujours uni à Dieu, ne cessait donc pas de prier : aussi, son biographe, Thomas de Celano l'appelle-t-il : « une prière vivante ».

Quant à la Vierge Marie, il lui rendait un culte fait de douceur et de tendresse. Il l'invoquait comme la Mère, le guide, la protectrice de son âme et de celle de ses Frères ; avec une candeur angélique, il lui confiait son cœur pour qu'elle le préservât du moindre contact avec le mal. Et lorsque, en un jour à jamais mémorable, il reçut les vœux de Sœur Claire, il ne sut trouver, pour la pure jeune fille, une patronne plus aimable, un refuge plus sûr que la Reine des Anges. Et voilà pourquoi les fils de saint François se sont toujours montrés très dévots serviteurs de Marie, dont ils n'ont jamais cessé de défendre les glorieux privilèges, de promouvoir le culte, au point de mériter le nom de « chevaliers de Marie Immaculée ».

Non moins profonde, non moins intime était l'amitié qui attachait l'âme de François au Cœur sacré de Jésus. Là encore, nous pourrions citer des pages admirables. Il nous suffira de dire, avec Thomas de Celano, que notre saint paraissait continuellement absorbé en Jésus ; qu'il avait son Jésus dans le cœur, sur les lèvres, dans les yeux, dans les mains ; qu'il était, pour ainsi dire, transformé en Jésus. Il l'aimait en tout et partout, mais plus particulièrement dans les principales manifestations de sa charité ; à la Crèche, dans le Tabernacle, au Calvaire.

La Crèche de Noël.

Le savez-vous, chers lecteurs? C'est saint François qui a introduit parmi nous la poétique coutume de représenter la crèche du divin Sauveur. Voici comment la chose arriva.

A son retour d'Orient, le saint se trouvait à l'ermitage de Greccio pour les fêtes de Noël. Se rappelant avec quelle joie, l'année précédente, il avait prié dans la grotte de Bethléem, il songea à reconstituer aussi bien que possible cette scène à la fois poétique et divine. Au milieu d'un bois qui appartenait à l'un de ses amis, il fit placer, dans une grotte, une crèche avec du foin, un bœuf et un âne, et disposa tout pour qu'on célébrât la messe solennellement. Une immense multitude accourut, portant des torches et des cierges allumés; le bois semblait tout embrasé; et toute la nuit, il retentit du chant des cantiques et des hymnes. Et voici que François, qui faisait les fonctions de diacre, vit, au moment de l'élévation, paraître sur l'autel un enfant d'une merveilleuse beauté qui semblait dormir doucement; et François put l'embrasser, le vénérer, l'adorer; et, transporté de joie, il prêcha au peuple en exaltant la bonté, la douceur, la charité du très aimable enfant de la Crèche.

Depuis lors, chaque année, dans leurs pauvres églises, les Frères Mineurs ont représenté la Crèche de Bethléem, imités en cela par les enfants des familles chrétiennes.

Extases eucharistiques.

Il est un autre mystère — nous allions dire : une autre incarnation — de la charité de Jésus-Christ qui ravissait l'esprit et le cœur de François : c'est le mystère qui, chaque jour, se renouvelle entre les mains du prêtre quand Jésus s'offre en victime sur les autels de nos églises, et descend dans nos âmes, si pauvres, si misérables, pour devenir leur aliment et leur breuvage et leur donner lumière, grâce et bénédiction.

Comment dire la dévotion du Poverello pour la sainte Eucharistie? Nous savons qu'il n'a point voulu être prêtre, parce qu'il se jugeait indigne d'une si haute faveur, et il resta simple diacre.

Assurément, le secret de sa sainteté, la source principale de sa foi, de son amour, de son courage chrétien, de sa pureté, de sa joie, c'est là

La Nuit de Noël, à Arezzo (Giotto).

112

que nous devons les chercher — dans le culte ardent de l'Agneau divin qui habite nos tabernacles et qui, descendant, sous les apparences sacramentelles d'une petite hostie blanche, dans le cœur de Francois, le transformait mystérieusement en lui par l'action de sa grâce et le préparait à une autre transformation — extérieure celle-là — qui devait s'opérer sur le glorieux sommet de l'Alverne, calvaire mystique du Séraphique Poverello.

XIII

LE CRUCIFIÉ DE L'ALVERNE

Nous avons vu comment François tenta, en 1212, de gagner l'Orient pour visiter le pays de Jésus, et comment il fut contraint par la tempête de revenir en Italie et de débarquer à Ancône. Afin que son voyage ne restât pas inutile, il voulut en rentrant à Assise, s'arrêter çà et là pour évangéliser les Marches et le Casentin. C'est dans cette région montagneuse et non loin de Montefeltro que se déroula un épisode qui est, pour notre histoire, d'une importance très grande.

Le don du Comte d'Orlando.

Passant un jour devant le château de Montefeltro, qui dominait alors la petite cité, le Poverello vit la bannière seigneuriale flotter sur la porte d'entrée. C'était un signe de fête et de réjouissance. Il s'informa et on lui répondit que, ce jour même, le jeune comte allait être armé chevalier avec toutes les cérémonies usitées à cette époque. François, — nous le savons, — avait, dans sa jeunesse, ambitionné cet honneur. « Allons au château, dit-il à ses compagnons, nous aurons l'occasion d'y faire quelque bien ».

Suivi du Frère qui l'accompagne, il s'avance parmi les nobles et les chevaliers réunis pour la circonstance ; et, la cérémonie terminée, il monte sur un petit mur, et fait signe qu'il désire parler. On fait silence. Il prend pour texte deux vers d'une chanson populaire, très en vogue alors, et il en développe le sens mystique :

> *« Tanto è il bene ch'io aspetto*
> *Ch'ogni pena m'è diletto. »*

« Si grand est le bien que j'attends, que toute peine m'est plaisir ».

L'Alverne. — Panorama du Sacro Monte.

Il parle, comme toujours, avec l'ardeur d'un séraphin et il oppose à la caducité des choses de la terre la certitude des célestes espérances.

Tous les auditeurs sont touchés. L'un d'entre eux est plus particulièrement ému de cette prédication improvisée. C'est le comte Orlando, seigneur de Chiusi. Après le sermon, il s'approche de François et lui demande la faveur d'un entretien spirituel.

— « Père, lui dit-il, il y a longtemps que je désire vous rencontrer ; j'ai besoin de parler avec vous du salut de mon âme. »

Mais François, toujours discret et courtois, lui répond en souriant aimablement :

— « Bien volontiers, mais non point tout de suite. Allez d'abord terminer la fête avec vos amis ; après le dîner, nous causerons à notre aise. »

Orlando obéit à ce conseil. Le banquet à peine achevé, il revient à François et, longuement, ils discoururent sur le bonheur du ciel et sur le chemin qui y conduit. A la fin de l'entretien, Orlando dit au saint : « Dans mes domaines du Casentin, il est une montagne qui conviendait excellemment à des hommes désireux de se recueillir dans la prière. Allez la visiter : si elle vous plaît, je vous la donne volontiers, à vous et à vos compagnons, pour le bien de mon âme. »

François accueillit l'offre. Comme il devait continuer sa route vers l'Ombrie, il envoya, afin d'explorer la montagne, deux de ses religieux que le comte fit accompagner d'une escorte de cinquante hommes armés pour les défendre contre les bêtes sauvages qui infestaient les bois. Cette montagne se nommait « La Verna » (l'Alverne), et sur la description que les explorateurs lui en firent, François accepta avec reconnaissance le magnifique présent.

Visite à la sainte montagne.

En 1215, à son retour d'Espagne, le Poverello voulut connaître par lui-même ce lieu poétique dont les Frères, qui avaient eu la bonne fortune de le visiter, parlaient avec tant d'enthousiasme. Il résolut donc de s'y rendre et d'y passer, dans la solitude, le Carême de saint Michel pour lequel il avait une très grande dévotion. Il prit avec lui ses trois disciples les plus intimes : Frère Léon, Frère Ange et Frère Masseo, confia à ce dernier la direction matérielle du voyage, et la petite troupe se mit en route à pied pour le Casentin.

L'ascension de l'Alverne fut assez longue parce que cette montagne s'élève parmi d'autres hauteurs qu'elle domine. Très abrupte sur trois côtés, elle n'est accessible que d'un seul. Elle présente un aspect caractéristique : jusqu'aux deux tiers de sa hauteur, des touffes de végétation rompent la teinte uniformément grise des rochers; le sommet, — un plateau, — se couronne de grands arbres, sapins et hêtres. — Déjà, en gravissant le mont, on découvre l'Apennin du Casentin, avec ses riantes collines, ses fertiles vallées, semées de petits villages que baigne le soleil. Mais, parvenu au sommet, le voyageur a sous les yeux un panorama vraiment magnifique dont les détails ravissants le dédommagent bien de la fatigue inséparable de l'ascension.

Qu'on s'imagine, alors, la joie de notre saint, de ce cœur éternellement jeune, de ce doux poète de la nature! Avec quels transports ne dut-il pas bénir le Seigneur qui offrait à ses yeux d'artiste un tel spectacle, et ouvrait un tel asile à son âme de séraphin!

Il aurait voulu poursuivre sa route à pied; mais la longueur du trajet, la difficulté de cheminer sur des routes à peu près impraticables à cette époque avaient épuisé ses forces, si bien que ses compagnons lui procurèrent un âne emprunté à quelque villageois. Or il arriva que, durant le trajet, le villageois, après avoir longuement contemplé le « Bon Père », lui demanda tout à coup :

— « Père, dites-moi la vérité! Vous êtes donc ce François d'Assise dont on parle tant? »

Le saint répondit affirmativement, et l'homme reprit :

— « Eh bien! croyez-moi, tâchez d'être aussi bon qu'on dit, pour que notre confiance en vous ne soit pas trompée. »

François, ravi de cette simplicité, descendit de sa monture et voulut baiser les pieds de ce brave homme en le remerciant de son excellent conseil, puis il remonta sur son âne.

Mais ils n'avaient pas fait encore la moitié du chemin; l'ascension devenait de plus en plus difficile, le sentier plus escarpé, le soleil plus ardent, et le villageois, à bout de forces et tourmenté par la soif se mit à crier :

— « O mon Dieu, je n'en peux plus, je vais mourir de soif, et, dans ce désert, il n'y a pas une goutte d'eau! »

François, ému de compassion, lève les bras au ciel et implore le secours de la Providence avec la foi qui opère les miracles. Certain, dès lors, que sa prière est exaucée, il se tourne vers son compagnon et lui dit :

— « Tu vois ce rocher! là, tu trouveras une source limpide que dans sa bonté le Seigneur a fait jaillir pour toi ».

Se fiant à la parole du saint, voyant en lui un nouveau Moïse tout puissant sur le cœur de Dieu, le villageois court au lieu indiqué; et, — comme le rapporte saint Bonaventure, — une petite source, inconnue auparavant et qu'on n'a jamais retrouvée depuis, étancha la soif du voyageur défaillant.

Ils arrivèrent enfin sur la crête de la montagne où ils s'arrêtèrent pour prendre quelque repos à l'ombre des arbres. Et c'est là qu'il faut placer l'épisode d'une nuée d'oiseaux qui se mirent à voltiger autour de lui, comme pour lui souhaiter la bienvenue et dont une chapelle, nommée la « Chapelle des Oiseaux », rappelle le souvenir aux pèlerins.

Le comte Orlando apprenant que François était arrivé à l'Alverne, s'empressa d'y monter avec quelques hommes chargés de provisions. Il trouva les religieux en prières; mais le saint, à la vue du comte se leva aussitôt, alla à sa rencontre, et le remercia avec effusion du présent qu'il lui avait fait dans cette montagne. Il le pria ensuite de lui faire construire une petite cellule de branches et de feuillage au pied d'un hêtre. Orlando fut heureux de donner cette satisfaction à notre saint et, avant de le quitter, il l'assura qu'il veillerait à pourvoir à tout le nécessaire afin que François et ses religieux pussent, sans inquiétude, se livrer à la méditation des choses célestes.

C'est là tout ce que nous savons du premier voyage du Poverello à l'Alverne, en y joignant l'épisode du brigand Loup qu'il convertit et qui devint Frère Ange. Nous sommes moins renseignés encore sur d'autres visites, que, très certainement, il fit à la sainte montagne, s'y arrêtant au retour de ses courses apostoliques, pour s'y recueillir dans la prière, le silence, le jeûne et les veilles prolongées.

Son amour de la Croix.

Cependant, le plus célèbre de ces voyages est le dernier qui se rattache au plus glorieux épisode de douleur qui ait marqué la vie de notre saint, — nous voulons parler du miracle de l'impression des stigmates.

Pour bien comprendre un tel prodige, il ne faut point oublier quelle tendre dévotion, quel ardent amour le cœur du Père Séraphique avait pour le signe de notre rédemption, — le Divin Crucifix. — Depuis les premières années de sa conversion, décidée, pour ainsi dire, au pied d'une croix, à Saint-Damien, l'objet le plus fréquent de ses méditations avait été la Passion du Sauveur, témoignage éloquent de l'immense amour de Jésus.

Un jour, on le trouva pleurant et sanglotant comme un enfant dans les bois de la Portioncule. Un paysan lui en demanda la raison : « Je pleure, répondit François, je pleure sur la Passion de Notre-Seigneur » et si vive était sa douleur que le paysan se laissa gagner par la compassion et se mit à pleurer et à sangloter avec lui.

Entrait-il dans une église ou une chapelle, notre saint adressait un salut respectueux à la croix, après avoir adoré Jésus vivant dans le tabernacle. Il signait ses lettres d'un T (tau) symbole de la croix. En plusieurs circonstances, c'est de sa personne même que la croix avait paru rayonner; ainsi, Frère Sylvestre avait vu une croix immense qui s'appuyait sur lui; Frère Pacifique avait vu deux glaives lumineux qui le traversaient en forme de croix. C'est la croix et le Divin Crucifié qu'il cherchait dans son ascension spirituelle vers la perfection, c'est la croix et le Divin Crucifié qu'il adorait dans le Prétoire et sur le Calvaire; c'est à la croix et au Divin Crucifié qu'il aspirait dans sa soif du martyre; c'est la croix et le Divin Crucifié qui le conduisirent chez les infidèles dans l'espoir de donner à Jésus-Christ le sanglant témoignage de sa foi et de son amour.

S'il n'eut pas la joie suprême de verser son sang jusqu'à la dernière goutte, il n'en devait pas moins être un martyr glorieux, un vrai crucifié : il a eu son calvaire sur les rocs de l'Alverne.

Malgré l'épuisement des forces physiques, plus que jamais l'âme de François aspirait au ciel; plus que jamais il éprouvait le besoin de la solitude pour s'unir intimement à son Dieu; son corps défaillait, son cœur brûlait d'amour pour son Sauveur, il sentait que l'heure de la suprême délivrance approchait.

Or, une nuit, Frère Élie eut un songe étrange qui se rapportait à François et lui donnait clairement à entendre que le Poverello n'avait plus que deux ans à vivre. Le saint comprit aussitôt que cette révélation était l'indice de quelque grâce extraordinaire qui lui serait bientôt accordée et il résolut de s'y préparer par la prière. Il décida donc qu'il se retirerait sur l'Alverne, sa chère montagne.

Vers la fin de juillet de l'année 1224, accompagné de ses amis les plus intimes, — le Frère Léon ne pouvait manquer d'en faire partie, — il quitta Sainte-Marie-des-Anges et, traversant l'Ombrie et la Toscane, pour gagner le Casentin, il atteignit heureusement le terme de son voyage.

Et là, dans les bois de la montagne, il recherche la solitude, il se retire dans les grottes, il affronte les précipices, pour se dérober aux regards de ses amis eux-mêmes, pour se sentir uniquement en la présence du Seigneur et s'élever dans les extases de la prière.

Cependant, Frère Léon, dont l'attention est toujours très éveillée quand il s'agit de son Maître, atteste qu'il l'a vu plusieurs fois suspendu en l'air,

Saint François. Les Stigmates (Giotto).

entre ciel et terre, tantôt à la hauteur de la stature d'un homme, tantôt au point de le perdre de vue, pour ainsi dire. Dans le premier cas, il baisait les pieds du saint, les baignant de ses larmes : « Seigneur, disait-il, par les mérites de mon Bienheureux Père, soyez propice au pauvre pécheur que je suis et daignez me donner une parcelle de votre grâce. » Dans le second cas, il se prosternait la face contre terre et priait à l'endroit même d'où François s'était élevé en l'air. Et il comprit que, durant ses extases, le Poverello, tout absorbé dans les mystères de la Passion du Sauveur, se plaignait amoureusement à son Jésus de n'avoir pu verser son sang pour la foi et implorait du moins la grâce d'être transformé en lui par la douleur et par l'amour.

Les promesses du Christ.

Le soir de la fête de l'Assomption, pour commencer le carême de saint Michel, François se retira dans une grotte plus secrète et plus silencieuse que les autres et il recommanda instamment à Frère Léon de ne point permettre qu'on vînt le troubler. Frère Léon, seul, devait chaque soir lui apporter un peu d'eau et de pain; il viendrait ensuite à l'heure des matines et s'annoncerait en disant : « Domine, labia mea aperies »; si François répondait, Frère Léon entrerait; sinon, il devait se retirer.

Et le Poverello passait ainsi des jours et des nuits dans l'absolue solitude. Mais, une de ces nuits, la « petite brebis du bon Dieu », ne recevant pas de réponse au salut convenu, succomba à la tentation de curiosité et voulut voir, à travers les fissures de la grotte, ce que faisait le bienheureux Père. O prodige! une lumière céleste inondait la grotte. François était agenouillé sur le roc, les bras croisés sur la poitrine suivant sa coutume; le petit crucifix que, tant de fois, il avait baigné de ses larmes, reposait sur le bras gauche. Évidemment, le saint s'entretenait avec Dieu; mais, de ce mystique colloque, Frère Léon ne put recueillir que ces deux paroles souvent répétées avec le sentiment de la foi et de l'humilité la plus profonde : « Qu'êtes-vous Seigneur, et que suis-je? ». Puis il vit le Poverello se dresser, mettre la main dans son sein par trois fois, et, par trois fois, la tendre vers la flamme mystérieuse qui illuminait la grotte. Après quoi, il n'entendit plus rien. La clarté s'évanouit et tout rentra dans le silence et dans les ténèbres.

Frère Léon se retira doucement, mais le bruissement des branches desséchées sur lesquelles il posait le pied, dans l'obscurité, avertit François de sa présence. Il le rappela et lui reprocha sa désobéissance. Frère Léon avoua sa faute, en demanda pardon et, connaissant par expérience la bonté de son Père, il osa lui demander, pour la gloire de Dieu, de lui expliquer le sens de cette vision. Et François, par esprit d'obéissance envers son confesseur, lui dit que cette flamme mystérieuse était Jésus lui-même qui avait daigné lui révéler de profonds mystères. Il ajouta :

— « Avant de retourner au ciel, le Sauveur m'a quitté en me disant : « François, en retour des bienfaits que tu as reçus de moi, offre-moi un don ? » — « Seigneur, vous savez que je ne possède rien en ce monde, et que, depuis longtemps, je vous appartiens sans réserve. » — « Mets ta main dans ton sein et donne-moi ce que tu y trouveras. » — J'ai obéi et, par trois fois, cherchant dans les plis de ma tunique, j'en ai retiré une belle pièce d'or que je lui ai présentée. Tout surpris, je lui ai demandé ce que cela signifiait ». — « Ces pièces, m'a répondu le divin Rédempteur, signifient les trois vœux de pauvreté, de chasteté, d'obéissance fidèlement observés par tes religieux ; elles représentent aussi les trois Ordres dont je t'ai constitué le Fondateur et le Père. En échange de ce que tu viens de me donner, je te renouvelle les trois promesses que je t'ai déjà faites une fois : j'aimerai et j'assisterai d'un soin tout spécial tous ceux qui deviendront tes fils ; je bénirai les amis de ton Ordre, et leurs persécuteurs seront maudits de moi ; j'assisterai ta triple famille jusqu'à la fin des siècles. »

Le miracle des stigmates.

Cette apparition ne faisait que préparer un prodige autrement merveilleux.

Le cœur du Séraphique Père brûlait d'un amour toujours plus ardent, d'un désir de plus en plus vif de se rendre semblable au Cœur du Dieu fait homme. François connut qu'il en serait ainsi par la Passion et par le martyre de la croix ; et, de même qu'au jardin de Gethsémani retentit un jour un Fiat de mort et de gloire, ainsi l'Alverne entendit le cri sublime d'une créature prête à tous les sacrifices. « Me voici Seigneur ! mon cœur est prêt ; accordez-moi d'éprouver dans mon corps et dans mon âme autant de douleur que vous en avez ressenti vous-même, ô très douce victime, au moment de votre expiation offerte pour nous, afin que moi aussi, je puisse sentir en mon cœur tout le feu de l'amour qui vous a contraint à mourir pour nous sur la croix ! »

Cette prière, la plus audacieuse de toutes les prières, cette ardente aspiration d'une âme divinement éprise, fut exaucée d'une façon miraculeuse.

L'Alverne-Rocher des Stigmates.

Nous sommes à l'aube du 17 septembre de cette même année 1224.
Tandis que les vents dorment encore dans la profondeur des précipices
et que les oiseaux, silencieux, attendent le lever du soleil, pour saluer
de leurs chants leur ami François, sur la cime de l'Alverne parut
s'allumer une flamme resplendissante, si bien que les habitants de la
région éprouvèrent une frayeur extrême. Que s'était-il passé? Un séraphin
descendu du ciel, ou plutôt un Crucifié ailé s'était approché du Poverello
qui priait la face tournée vers l'Orient et les bras étendus en forme de
croix. François tressaillit d'allégresse en voyant, une fois encore, son
Jésus bien-aimé; mais, en contemplant le Crucifié, son âme devint triste
jusqu'à la mort.

Il y eut alors un colloque entre le Séraphique Père et le divin Rédempteur, mais ce colloque demeure à jamais secret; le saint a toujours refusé
d'en parler.

Un fait, du moins, reste acquis : la vision terminée, François tremblant
de joie s'aperçut que sur ses mains, sur ses pieds, sur son côté, restaient
imprimés, sanglants et douloureux, les stigmates du Sauveur.

Vérité historique du fait.

Tel est le grand prodige que Jésus-Christ avait opéré en réponse à la
prière de son doux ami et fidèle serviteur. Ce prodige, mes jeunes
lecteurs l'ont vu, bien souvent, représenté dans les images du saint qui
nous montrent François recevant ou ayant déjà reçu les stigmates; mais
en ont-ils compris toute la signification?

Porter, d'une manière sensible, dans ses membres les plaies du Sauveur,
se voir ainsi transformé en un crucifié vivant, c'est l'un des plus grands
miracles que la miséricorde et la bonté du Très-Haut puissent accomplir
en faveur d'une créature; c'est, en même temps, un fait historique incon-
testablement certain, à tel point que les auteurs protestants eux-mêmes,
— par exemple Paul Sabatier, — malgré tous leurs préjugés, se voient
contraints par le grand nombre des témoignages les plus autorisés à
admettre la vérité historique du prodige. Refusant de croire au surna-
turel, résolus, par principe, à rejeter le miracle, ils ont recouru à des
explications tellement puériles qu'elles font sourire en provoquant la
pitié; ou bien, encore, déclarant que la science actuelle ne peut rendre
compte d'un tel phénomène, ils se contentent d'en appeler à la science
de l'avenir.

Nous sommes plus heureux, nous, dont la lumière de la foi vient éclairer la raison. Dans cette merveille nous reconnaissons le doigt de Dieu, nous rendons grâce à sa puissance et à sa bonté; puis, nous tournant vers le Crucifié de l'Alverne et nous prosternant à ses pieds, nous admirons et nous aimons en lui l'un des plus grands saints du christianisme.

L'Adieu à son Calvaire.

Cependant François, jaloux du secret divin, cherchait à le cacher le plus possible. Il ne montra qu'à ses Frères préférés les stigmates des mains et des pieds; nul ne vit la blessure du côté; mais de cette dernière, le sang s'écoulait parfois et tachait jusqu'à sa tunique.

Notre saint passa quelques jours encore sur la montagne devenue désormais pour lui l'Horeb des révélations divines et le Thabor de ses transfigurations. Il consacrait les jours et les nuits à la prière, ou plutôt c'était une continuelle extase, un chant de reconnaissance, une joie exquise en même temps qu'une ineffable souffrance. « Dans le feu l'amour m'a mis, dans le feu l'amour m'a mis, dans un feu d'amour... il m'a frappé de son couteau; tout mon cœur en a été fendu! » Et il allait chantant ainsi à travers les bois, exhalant les sentiments dont son cœur débordait, sous le ciel étoilé, dans l'azur et la lumière du jour.

Le carême de saint Michel était fini, et François voulait regagner sa chère Portioncule. La blessure de ses pieds l'empêchait de marcher. Frère Léon demanda au comte Orlando une humble monture sur laquelle, à l'exemple du Sauveur entrant à Jérusalem, le Poverello commença le voyage.

Combien ému, combien touchant fut l'adieu que François adressa à la sainte montagne et que Frère Masseo nous a conservé! Après avoir pris congé des Frères qu'il laissait à la garde du sanctuaire, en leur disant que, s'il s'éloignait d'eux matériellement, il restait avec eux par le cœur, il salua une dernière fois les rocs, les fleurs, les arbres de la forêt, et particulièrement frère faucon, et la toute petite chapelle dédiée à la très Sainte Vierge. « Adieu, dit-il, adieu montagne du Seigneur; adieu, montagne sainte; adieu mont de l'Alverne! Que Dieu te bénisse, Père, Fils et Saint-Esprit! Demeure en paix! nous ne nous reverrons plus! »

Saint Bonaventure en fait la remarque : c'est peut-être grâce à cette bénédiction que, là, sur cette glorieuse montagne, les lois mêmes de la nature semblent s'être modifiées, comme pour consacrer le souvenir du grand prodige dont l'Alverne fut le témoin. Jusqu'alors les tempêtes s'y

déchaînaient : à dater du jour où le Bienheureux François reçut les stigmates et bénit la montagne, les tempêtes ont cessé.

Le voyage de retour fut un véritable triomphe. Partout où le Poverello
passait sur son humble monture que Frère Léon guidait, la foule accourait
pour saluer François, essayer de baiser les stigmates et recevoir sa bénédiction. A Borgo San Sepolcro la presse fut plus grande encore; mais le
saint, absorbé dans ses méditations, ne s'aperçut même point qu'il eût
traversé la ville.

Et, partout, des prodiges s'opéraient. Donnons un seul exemple : dans
une petite bourgade, près d'Arezzo, d'un simple contact de sa main,
François guérit instantanément un enfant de huit ans, hydropique depuis
quatre ans.

Après s'être arrêté un mois à Città di Castello, pour donner au saint
un peu de repos, la pieuse caravane atteignait enfin Sainte-Marie-des-
Anges. L'on devine avec quelle joie, avec quelle vénération, avec quel
amour, ses Frères accueillirent leur Père ainsi marqué des stigmates du
Seigneur !

XIV

LE CANTIQUE DE FRÈRE SOLEIL

Nous avons rappelé, plus haut, le touchant adieu de François au mont Alverne, et nos jeunes lecteurs n'ont pu que soupçonner quelque chose de sa beauté évangélique. A le bien prendre, cependant, ces quelques lignes suffiraient pour attester que le Poverello a été vraiment « le saint poète de Dieu et de la nature », comme les siècles se sont plu à l'appeler.

Poète de la nature.

Par l'effet de ce sentiment profondément chrétien, qui le portait à voir dans toutes les créatures une manifestation des perfections divines et à louer Dieu dans ses œuvres, François a, pour ainsi dire, dépassé son siècle et, tout en appartenant à son époque, il est déjà de la nôtre. Alors qu'un ascétisme trop souvent rigoureux dans son étroitesse condamnait toute manifestation de joie comme une séduction diabolique, c'est François qui, le premier, a suscité l'allégresse chrétienne, entonné l'hymne de la reconnaissance au Créateur de la beauté, appris à sourire aux attraits du beau et du bien.

Dans cette conception mystique et poétique de l'univers, le Poverello fit preuve d'une telle originalité et d'une telle audace que son nom a été donné à ce sentiment de la nature, — on dit « le mouvement franciscain » — qui est l'une des plus pures jouissances de l'esprit, l'une des plus fécondes et les plus riches parmi les sources de l'art chrétien.

Nous avons vu combien François aimait les lieux solitaires parce qu'ils lui facilitaient le recueillement, et le mettaient en communication directe avec la divinité, en disposant son esprit à la contemplation et en lui révélant Dieu par le reflet de ses attributs dans les créatures. Sur les sommets, sa prière s'élevait et se faisait plus pure ; elle s'agrandissait en quelque sorte à la vue des vastes horizons ; elle devenait plus profonde et plus intime dans le silence éloquent des campagnes. Elle était entrecoupée de soupirs, accompagnée de gémissements lorsqu'il se rappelait l'indifférence religieuse de ses jeunes années, ou que son cœur souffrait à la pensée de la Passion du Sauveur ; mais plus souvent encore, cette prière jaillissait en aspirations d'amour vers la Bonté infinie, vers l'éternelle Beauté et elle se traduisait par des hymnes et des cantiques. En ces heures délicieuses, la voix s'associait à l'allégresse du cœur, cette voix dont Thomas de Celano nous dit qu'elle était belle, harmonieuse, musicale, et de la part de François, le bon « jongleur de Dieu », elle allait saluer les plantes et les fleurs, les oiseaux de l'air, les rochers de la montagne, les étoiles du ciel ; elle courait à travers les arbres, luttait contre les vents, éveillait les échos lointains et s'éteignait enfin dans les sanglots que le séraphique poète ne pouvait plus comprimer.

Et ainsi, François qui, jadis, chantait les sirventes, François qui aimait la musique joyeuse, se retrouvait artiste.

François rivalise avec frère rossignol.

Rappelons un épisode charmant. Sur le mont Alverne, un soir, blotti sous l'épais feuillage d'un arbre, un rossignol se met à chanter. François en silence, prête l'oreille et cette douce mélodie, dont il savoure le charme, fait battre son cœur d'un amour reconnaissant pour le Créateur.

Mais voici que la scène change. Les modulations du rossignol vont réveiller tout ce qui s'endormait à l'approche de la nuit : le ciel se met à parler par ses étoiles innombrables ; sous la caresse de la brise, les feuilles des arbres murmurent ; les cimes, les abîmes, les plantes humides de rosée, le silence même, tout semble prendre une voix ; et le poète, dans l'enchantement de cette nuit dont, seul, il comprend la vie et le langage, sent son âme vibrer pour répondre à ces voix, — et il chante !

Il chante, il rivalise avec le rossignol ; il chante, et le rossignol répond par des trilles ; il chante et le saint et l'oiseau alternent une partie de la nuit. François est fatigué le premier ; il fait venir le rossignol sur sa main, caresse « la douce sœur Philomèle » et la congédie enfin en la félicitant d'avoir remporté la victoire.

Cet épisode nous en rappelle un autre qui trouve bien sa place ici. Le Poverello était gravement malade ; ses yeux qui, tant de fois, avaient contemplé le Seigneur dans ses doux colloques avec lui, étaient menacés de cécité ; ses forces diminuaient de jour en jour, et un voile de tristesse s'étendait sur son âme. Il fit appeler alors un Frère qui savait jouer de la guitare et le pria de lui chanter un beau cantique en s'accompagnant de son instrument. Le bon Frère hésitait à donner cette satisfaction à son Maître et lui faisait remarquer qu'on pourrait être scandalisé si l'on entendait des chants et les sons de la guitare, — délassement qui ne convient guère à des Frères pénitents. — « N'en parlons donc plus, répondit François, il y a de la sorte bien des choses auxquelles il faut renoncer afin de ne point scandaliser. » Mais, la nuit suivante, tandis qu'il priait humblement le Seigneur de le consoler, il entendit le son d'un luth d'une merveilleuse harmonie et d'une mélodie très douce sous la main d'un ange... et il fut ravi en extase.

Les cantiques du Poverello.

Voilà comment nous pouvons, nous devons dire que notre saint avait une âme de poète et d'artiste : il sentait, il goûtait toute la poésie cachée dans la création ; il savait descendre au fond de son cœur et au sentiment que lui inspiraient les beautés de la nature et de la religion, donner la parure, le coloris et le charme de la langue poétique.

Dans ces cantiques, dont un petit nombre seulement nous a été conservé, le plus authentique et en même temps le plus populaire est le « cantique du Frère Soleil ». Nos jeunes lecteurs le connaissent sans doute ; peut-être l'ont-ils appris par cœur ; peut-être l'ont-ils lu dans quelque anthologie, alors qu'un professeur le commentait devant eux. Mais savent-ils dans quelles circonstances il a été composé, quelle en est l'origine ? C'est le chef-d'œuvre de la foi religieuse du Poverello et de son amour pour la nature, et, afin d'en comprendre toute la beauté, il est bon de se rappeler comment il est sorti du cœur de François, d'après les quelques détails transmis par les biographes.

Dans le jardin de Saint-Damien.

François avait donc été transporté à la Portioncule ; et là, bien qu'il pût, à l'ombre de sa chère petite chapelle de Sainte-Marie-des-Anges, se reposer paisiblement, les douleurs causées par ses plaies allaient affaiblissant toujours davantage son pauvre corps déjà exténué par les macérations. De continuels maux d'estomac, l'hydropisie, la cécité, presque complète parfois, ne lui laissaient aucun repos, ni le jour, ni la nuit.

Saint François, priant à Saint-Damien, entend la voix du Crucifix (Giotto).

Frère Élie qui était alors le Supérieur de l'Ordre et qui avait pour François une grande affection, obtint enfin, par le cardinal Hugolin, protecteur de l'Ordre et ami intime du Poverello, que notre saint consentît à se laisser soigner. On résolut de le conduire à Rieti pour le confier aux médecins de la cour pontificale, établie alors en cette ville.

Avant de quitter Assise, le saint voulut passer par Saint-Damien pour prendre congé de sainte Claire et de ses religieuses. Mais à peine fut-il arrivé en cet asile de paix et de prière, que le mal empira et François dut interrompre son voyage. Sœur Claire lui fit aussitôt dresser dans le jardinet du couvent une cellule faite de quelques pièces de bois et de feuillage. Là, il goûtait de nouveau le repos que lui offrait la nature; là, il savourait les joies de l'absolue pauvreté dans la sainte allégresse du Seigneur. C'était la réalisation de son cher idéal. Ses yeux plus qu'à demi éteints ne lui permettent plus d'admirer les nuances délicates des fleurs; en vain, ils s'élèvent vers le ciel : ils ne peuvent interroger les profondeurs de l'azur, ni s'enivrer de l'éclat du soleil; mais, du moins, il respire le parfum des champs, il sent sur son front la caresse de la brise, ses membres se réchauffent aux chauds rayons du soleil. Il entend le gazouillement des oiseaux qui chantent la joie de vivre en liberté, sans préoccupation du lendemain, dont la Providence prendra soin. Et François se rappelle les chants joyeux de sa jeunesse, les chaudes strophes qu'aux heures de ses contemplations, l'amour et la reconnaissance ont inspirées à son cœur.

Il était loin de ses frères, qui déjà sur quelques points commençaient à s'écarter de la ferveur primitive; il vivait dans l'intimité de quelques amis demeurés fidèles; surtout, il avait sous les yeux le consolant spectacle des vertus pratiquées par Claire et par ses sœurs. Elles l'entouraient des soins les plus attentifs, les plus délicats; elles calmaient ses souffrances par leurs chants; elles l'édifiaient par leur sainteté, elles soutenaient ses forces par la prière.

Ainsi s'écoulaient les jours, avec des alternatives de joies très pures et d'intolérables souffrances; et encore les quelques instants de répit que lui laissait la douleur, étaient-ils troublés par une véritable invasion de souris.

Une nuit, la souffrance fut à ce point que, peut-être pour la première fois de sa vie, il supplia le Seigneur de le délivrer de tant de maux ou de lui donner, du moins, plus de force pour les supporter. Et, alors, la voix mystérieuse, entendue déjà plus d'une fois, reprit :

« François, si tes souffrances et tribulations t'assuraient un trésor plus désirable qu'un monceau d'or aussi grand que la terre, plus riche que des pierres précieuses aussi nombreuses que les rocs, n'en serais-tu pas heureux? Et si le souverain cédait ses pleins pouvoirs à son serviteur, ce serviteur ne devrait-il pas tressaillir d'allégresse? »

Au matin, François raconta à ses frères cette vision.

« Donc, ajouta-t-il, je dois me réjouir grandement dans mes infirmités et mes tribulations, et je dois rendre grâces au Seigneur qui, de cette manière, m'a donné l'assurance de son paradis. C'est pourquoi, à sa gloire, pour notre consolation et pour l'édification des frères, je veux composer un nouveau cantique des créatures dont nous usons chaque jour et dont les hommes devraient se servir pour louer et bénir le Seigneur. »

Les premières strophes de l'hymne au soleil.

Se soulevant alors, il s'assit sur sa couchette, et là, au milieu des fleurs et des oiseaux, sous l'azur du firmament, aux rayons du soleil, en face du splendide panorama que déroule aux regards la verdoyante vallée de l'Ombrie, il médite quelques instants comme absorbé dans la contemplation de ces merveilles, puis il chante le *Magnificat* de son admiration, le *Benedictus* de son allégresse, le *Te Deum* de sa reconnaissance, en conviant l'univers entier à louer avec lui le Seigneur.

> « Très-Haut, très puissant et bon Seigneur,
> A toi appartiennent les louanges, la gloire et l'honneur,
> Et toutes les bénédictions!
> A toi seul, Très-Haut, elles sont dues,
> Et nul homme n'est digne de te nommer.
> Loué sois-tu mon Seigneur
> Avec toutes les créatures
> Spécialement avec notre frère messire le soleil
> Qui nous donne le jour et la lumière.
> Il est beau et il rayonne d'une grande splendeur,
> Il est ton signe, ô Très-Haut.
> Loué sois-tu, mon Seigneur, pour notre sœur la lune et les étoiles;
> Tu les as formées dans les cieux, claires, précieuses et belles.
> Loué sois-tu, mon Seigneur, pour notre frère le vent,
> Et pour l'air nuageux et serein et pour tous les temps
> Par lesquels il sustente tes créatures.
> Loué sois-tu, mon Seigneur, pour notre sœur l'eau,
> Qui est très utile et humble et précieuse et chaste.
> Loué sois-tu, mon Seigneur, pour notre frère le feu
> Par lequel tu illumines la nuit;

Et il est beau et agréable et vigoureux et alerte.
Loué sois-tu, mon Seigneur, pour notre sœur la terre
Qui nous nourrit et nous porte
Et produit des fruits variés et des fleurs coloriées.

C'est dans de telles circonstances que fut improvisé, ou plutôt que jaillit cet hymne où l'on retrouve les accents des psaumes de David, où l'on sent en quelque sorte les battements d'un cœur embrasé d'amour, joyeux dans la souffrance, les aspirations d'un saint, presque à l'agonie, et déjà souriant au ciel qui l'attend.

Plus tard, à ces strophes animées du vif sentiment de la nature, François en ajoutera deux autres inspirées par la sagesse ; l'une sera dictée par le désir de voir régner la charité fraternelle, l'autre par une âme qui a la nostalgie de l'éternité.

Mais, d'abord, ajoutons ici un détail. François lui-même, le ménestrel du bon Dieu, le saint poète de la nature, parut satisfait de son nouveau cantique. Il aurait même désiré qu'un de ses frères, le frère Pacifique, celui qui, autrefois, avait brillé au premier rang entre les jeunes artistes de la poésie et du chant, le retouchât, l'assujettît à un rythme plus exact, et le mit en musique. Alors les frères, dignes associés du ménestrel du Seigneur, l'auraient chanté en terminant leurs prédications pour communiquer au peuple quelque chose de la sainte allégresse qui l'avait inspiré.

La charité de frère le Feu.

Cependant, en ce nid de repos, en ce jardinet plein d'une poésie mystique, cadre merveilleux d'où se détachait le visage émacié du Poverello bénissant toutes choses, « les fruits variés, les fleurs coloriées, les produits de notre sœur la Terre », François avait recouvré assez de forces pour qu'on pût songer à reprendre la route de Rieti afin de soumettre le malade à un traitement chirurgical que ses disciples et ses amis jugeaient absolument nécessaire.

Toujours docile et aimable, le Poverello se laissa donc transporter en cette ville, où nous allons assister au célèbre miracle de frère le Feu.

Les médecins les plus habiles n'apportaient aucun soulagement aux yeux de François que menaçait une complète cécité. On pensa, dès lors, à recourir à une opération très douloureuse, — la cautérisation. — Lorsque le malade entrevit les instruments préparés dans ce but, ce fer rougi par les flammes qu'on devait passer sur son front, il trembla d'abord comme un enfant; puis, reprenant son empire accoutumé sur lui-même et sur les créatures, il s'adressa au feu comme à un être intelligent : « Mon frère le Feu, lui dit-il, Dieu t'a fait beau et utile entre toutes les créatures : sois-moi propice, sois aimable, je t'ai toujours voulu du bien, frère le Feu ; montre que toi aussi, tu me veux du bien. »

Avant que le fer incandescent fît son œuvre, il voulut le bénir ; et tandis que ses chairs crépitaient sous la brûlure, le Poverello n'éprouvait aucun mal et, souriant, il rassurait ses frères qui s'étaient enfuis dès le début de l'opération. Quand tout fut terminé, il dit aux assistants :

« Mes frères, louez le Seigneur, je vous le dis en vérité, le feu ne m'a fait aucun mal, je n'ai senti aucune douleur. »

Et s'adressant au chirurgien, il ajouta :

« Si ma chair n'est pas encore bien cuite, vous pouvez recommencer. »

L'opération, même renouvelée, fut loin de répondre aux espérances des médecins, et le Poverello, disait-on, devait se résigner à partir de Rieti pour le couvent de Fonte-Colombo où le complet repos lui serait plus facile. On fait cependant une dernière tentative, à Sienne dont le climat semblait devoir mieux convenir au malade; mais, enfin, on résolut de le ramener à Assise dans l'espoir que l'air natal lui ferait quelque bien.

Ses concitoyens apprirent avec joie le retour du saint; ils craignaient tant de perdre leur cher trésor! Pour qu'il fût mieux soigné, on l'installa dans une chambre du palais épiscopal. L'évêque aimait tendrement François qui lui rendait affection pour affection.

Le malade souffrait toujours davantage; mais il ne perdait rien de la joie de son cœur. Il priait parfois ses frères de lui chanter quelque cantique et, plus particulièrement, son hymne de frère Soleil; il oubliait ainsi les misères de son corps et goûtait les douceurs de l'esprit. Tous, cependant, ne partageaient pas sa manière de voir. Frère Élie, qui ne comprenait point les aspirations de François, jugea que ces chants continuels dans la chambre d'un mourant étaient un témoignage excessif de vénération.

— « Très cher père, lui dit-il, c'est une consolation pour moi et un grand sujet d'édification de vous voir si joyeux dans la maladie. Les habitants d'Assise vous vénèrent, sans doute; mais puisqu'ils croient que vous ne tarderez pas à succomber sous le mal, il se pourrait qu'ils fussent scandalisés d'entendre chanter ainsi jour et nuit, se disant : « Pourquoi et comment tant de joie! » Un saint devrait se préparer un peu mieux à la mort? »

Et François, transporté d'amour pour son Seigneur se contenta de répondre :

« Permets, mon Frère, permets que je me réjouisse en mon Seigneur, dans sa louange et dans mon infirmité, puisque, avec l'aide de l'Esprit-Saint, je me sens tellement uni à mon Dieu que je puis bien, grâce à sa miséricorde, me réjouir en lui. » Et, désormais, nul n'osa plus l'inquiéter à ce sujet. »

Apostolat de paix.

En ce temps-là, une querelle était survenue entre l'évêque d'Assise et les magistrats de la ville. L'affaire, même, en était venue à ce point que l'évêque ayant fulminé l'excommunication contre les magistrats, ceux-ci répliquèrent en interdisant aux habitants de vendre quoi que ce fût à l'évêque.

François apprit la chose. Un pareil scandale dans sa chère ville d'Assise, quelle douleur pour lui ! S'il n'eût été malade, il aurait couru pour demander au nom des magistrats le pardon et la paix, et ce pardon l'évêque ne l'aurait point refusé. Du moins, sa charité fraternelle, son zèle apostolique lui suggérèrent un moyen d'intervenir comme pacificateur.

Il appela auprès de lui deux de ses frères et leur fit chanter le cantique de frère Soleil, auquel il ajouta cette strophe :

> Loué sois-tu, mon Seigneur,
> pour ceux qui pardonnent au nom de ton amour,
> et supportent les tribulations et les souffrances.
> Bienheureux ceux qui persévèrent dans la paix :
> par vous, Dieu Très-Haut, ils seront couronnés.

Après quoi, il ordonna à l'un des religieux d'aller trouver les magistrats et de les prier, en son nom, de se rendre sur la place de l'évêché, avec les principaux d'entre les citoyens et tous ceux qu'ils pourraient grouper autour d'eux. Même invitation fut faite à l'évêque et à son entourage. Lorsqu'ils furent tous réunis au lieu indiqué, deux frères, debout sur un lieu d'où ils dominaient l'assemblée, firent signe qu'ils voulaient parler.

« Frère François, dirent-ils, dans son infirmité, a composé à la gloire de Dieu, et pour l'édification du prochain, un cantique de louange au Seigneur, et nous vous prions de l'écouter avec dévotion. »

Et ils commencèrent à chanter le cantique de frère Soleil en y ajoutant la strophe du pardon. L'effet produit fut merveilleux ; l'évêque et le podestat s'embrassèrent comme des frères, et se firent de mutuelles concessions.

Pourquoi s'étonner? Les paroles de François étaient efficaces, parce qu'elles étaient les paroles d'un saint, parce qu'elles s'adressaient à des âmes qui, malgré leurs défauts, restaient pénétrées de la foi ; et, enfin, ces paroles étaient comme le testament d'un mourant!

Sœur la Mort.

François sentait bien que la maladie faisait chaque jour de nouveaux progrès ; mais il voulut en avoir la certitude. Il interrogea donc un médecin d'Arezzo qui était venu le visiter et dont l'amitié lui était chère. Ce médecin se nommait Giovanni Bembegnate.

— « Dites-moi, bon Giovanni, demande tout à coup François, dites-moi ce que vous pensez de ma maladie? »

— « Père, tout cela s'arrangera, s'il plaît à Dieu! »

— « Dites-moi la vérité, frère médecin, parce que je n'ai aucune peur de la mort. Par la grâce de Dieu, je me sens tellement uni à mon Seigneur, que je suis également content de vivre ou de mourir. »

— « S'il en est ainsi, sachez, Père, que d'après l'art de la médecine, votre mal est incurable et que vous devrez y succomber vers la fin de septembre ou dans les premiers jours d'octobre. »

— « Sois donc la bienvenue, ma sœur la Mort », s'écrie François transporté de joie et tendant ses bras vers le ciel pour remercier le Seigneur.

Il manda auprès de lui ses deux infirmiers, frère Ange et frère Léon, et leur demanda de chanter le cantique de frère Soleil. Ils le firent, mais en versant des larmes et les sanglots entrecoupaient leur voix. Quand ils s'arrêtèrent après la strophe du pardon, François, — poète jusqu'au dernier moment, — ajouta en vers en l'honneur de sœur la Mort :

> Loué sois-tu, mon Seigneur,
> pour notre sœur la mort corporelle
> à laquelle nul homme vivant ne peut échapper ;
> malheur à ceux qui meurent en état de péché mortel!
> heureux ceux qui seront trouvés dans vos très saintes volontés.
> la seconde mort ne pourra leur nuire.
> Louez et bénissez mon Seigneur!

Ainsi la mort elle-même, la réalité la plus tragique de la vie, la mort redoutable pour tous, n'a pu troubler le séraphique Poverello ; et, loin de lui ravir la joie, elle verse en son cœur une allégresse qui se reflétait sur son visage et mettait sur ses lèvres les accents de la reconnaissance.

Saint François mourant (Giotto).

XV

LA MORT DU POVERELLO

François, clairement averti de sa fin prochaine, exprima le désir d'être transporté à la Portioncule afin de terminer ses jours au lieu même où Dieu s'était révélé à lui, à l'ombre de sa chère chapelle, sous la protection de la Vierge.

La bénédiction donnée à Assise.

Les religieux obéirent, placèrent le malade sur une civière et on descendit lentement la montagne. Lorsqu'ils furent au pied de la colline, là où se termine la ville et où commence la plaine, François demanda qu'on fît halte. Rassemblant ses dernières forces, soutenu par ses frères, il se dressa; et alors, adressant la dernière pensée de son cœur, le dernier regard de ses yeux presque éteints, aux murailles, aux maisons, aux monuments de sa patrie bien-aimée, au mont Subasio, à l'azur du ciel, à la verdure des prairies, il élève la main droite, cette main qui porte le glorieux stigmate du Christ, et il trace dévotement le signe de la croix, en prononçant ces mots qui sont devenus une prophétie : « Sois bénie du Seigneur, ville fidèle à Dieu, parce que beaucoup d'âmes seront sauvées par toi et en toi. Un grand nombre de serviteurs du Très-Haut demeureront en toi et plusieurs de tes citoyens seront choisis pour la vie éternelle ».

Jésus s'approchant un jour de Jérusalem et lisant dans l'avenir les maux qui devaient fondre sur la cité ingrate jusqu'au déicide, Jésus pleura de tristesse. Les larmes du Poverello étaient des larmes d'amour; François sentait qu'il pouvait bénir cette ville où il était né, où il avait passé les plus belles années de sa vie et qui, au lieu d'un gibet, comme Jérusalem le fit pour Jésus, — lui préparait, à lui transfiguré par l'amour et par la douleur, un tombeau glorieux dans l'histoire, en même temps que la basilique qui abriterait ce sépulcre honoré, serait une des plus grandes merveilles de l'art chrétien. Ah! dans sa douce Assise, que de souvenirs chers à François; la crèche où il est né, l'église où il a été baptisé, la maison où il a grandi; les rues et les places publiques qu'il a tant de fois parcourues. Sur les hauteurs, entre les pins des gorges du mont Subasio, c'est l'ermitage des *Carcere* où, comme à la Portioncule, les frères habitaient de misérables cabanes ou des grottes taillées dans le roc. Plus bas, sur la pente de la colline, entre les oliviers, c'est Saint-Damien où le Poverello a passé des journées de labeur, consolées par la prière; Saint-Damien où la voix du divin crucifié a parlé à son cœur; Saint-Damien où, pour la première fois, le saint a chanté son cantique de frère Soleil, alors que sœur Claire et ses héroïques filles entouraient le malade des soins les plus délicats.

Et en ces souvenirs, en cette heure solennelle où il quitte pour toujours sa ville natale, François verse des larmes et il bénit sa patrie bien-aimée et sa bénédiction sera féconde.

La scène d'Assise et celle de Jérusalem nous donnent la même leçon : celle de l'amour de la patrie, éclairé, ardent, généreux.

Aimons notre patrie.

Jésus était venu pour racheter la terre entière au prix de son sang et pour mériter la grâce à tous les peuples; mais il avait un amour de préférence pour la Judée et la Galilée, pour cette Palestine qui eut l'honneur d'entendre sa voix, de sentir les battements de son cœur. François n'oublia jamais Assise : c'est dans ses murs qu'il commença son apostolat; c'est là qu'il se retirait au retour de ses courses apostoliques; c'est près d'Assise qu'il a voulu mourir.

Et pourquoi donc n'aimerions-nous pas notre patrie? Nous ne serions pas des chrétiens; nous ne serions même pas des hommes! C'est la nature elle-même qui nous porte à aimer notre patrie comme la famille, comme nous-mêmes; et elle nous y porte avec une force telle que, pour y résister, il faut réprimer nos instincts les plus vifs. Partout, chez tous les peuples, ceux qui n'aiment pas la patrie sont regardés comme des ingrats, comme des traîtres. La religion bénit cet amour et le consacre. Les nations païennes combattaient pour le foyer et pour l'autel, *pro aris et focis*. Les Israélites n'ont jamais séparé de leur cœur l'amour de la patrie de l'amour de Jéhovah; loin de Jérusalem et du Jourdain, ils se sentaient, pour ainsi dire, loin de Dieu. A l'exemple de leur Maître, les disciples de Jésus-Christ savent aimer la patrie d'un amour plus profond; le christianisme a purifié cet amour et, du reste, l'histoire est là pour attester que les disciples de l'Évangile, tout en aspirant à la patrie céleste, n'ont jamais renié la patrie terrestre.

Aimons notre patrie; honorons-la, comme l'a fait François, par notre conduite, par nos travaux, par nos services rendus en temps de paix et en temps de guerre, prêts à souffrir et à mourir, s'il le faut, pour sa défense, pour sa liberté, pour sa grandeur!

Toujours Père!

Passer ses derniers jours loin des richesses et des commodités de la vie, là, dans sa petite cellule de la Portioncule, sur le sein de Dame Pauvreté, fut pour le Poverello une joie si grande qu'elle parut lui rendre quelque force. Malgré les fatigues du trajet, François se sentait mieux.

Une tradition, admise par les biographes, veut qu'il ait profité de ces jours de calme pour écrire son « testament », disons plutôt pour le dicter mot à mot au Frère Ange de Rieti, tandis que les autres religieux l'écoutaient en versant des larmes. Ce testament est le chef-d'œuvre de son esprit et de son cœur : c'est le chant du cygne, le dernier chant où il résume, en larges traits, les circonstances de sa vie et les pensées qui l'ont toujours inspiré; c'est un chant de louange et de reconnaissance pour la miséricorde du Seigneur; ce sont, en même temps, pour ses Frères des conseils de la plus haute sagesse.

Il était impossible qu'à cette heure le Père oubliât ses filles de Saint-Damien. A leur intention, il dicta quelques instructions que, malheureusement, nous avons perdues, mais qui, très certainement, furent transmises à sainte Claire et à ses religieuses, avec la bénédiction du saint malade. Pour les consoler, il leur fit dire qu'elles auraient le bonheur de le revoir une dernière fois.

Frère Giacomina.

Il y avait encore une âme, dont le souvenir affectueux et fidèle restait gravé en son cœur : nous voulons parler de la pieuse dame romaine, Jacopa de Settesoli.

— « Vous savez, dit-il à ses Frères, comment Dame Jacopa a toujours été dévouée envers moi et envers notre religion ; je crois donc qu'elle aurait grand déplaisir si elle n'était pas informée de l'état où je me trouve. »

Et sur-le-champ, il dicta cette lettre dont nous possédons le texte :

— « Sachez, très chère, que le Seigneur toujours béni m'a révélé que le terme de mes jours est proche. Si donc vous voulez me voir en ce monde, partez aussitôt que vous aurez reçu cette lettre et hâtez-vous vers Sainte-Marie-des-Anges, parce que, si vous arrivez plus tard que la fin de cette semaine, vous me trouverez mort. Apportez avec vous de la bure pour couvrir mon corps, et de la cire pour mes funérailles..... Je vous prie dé m'apporter aussi une de ces douceurs que vous me faisiez manger à Rome, quand j'étais malade. »

Cette courte missive, ce touchant épisode nous révèlent bien le cœur de notre saint. Remontant par la pensée le cours de ses voyages apostoliques, il se rappelle ceux qui l'ont soutenu dans son œuvre, ceux qui lui sont demeurés fidèles ; à son cœur se présente la consolante image de la pieuse dame qui, restée veuve de bonne heure, s'est consacrée à une vie de prière, de pénitence, de charité sous sa direction et sa protection. Et, — détail transmis par un biographe du saint, — François, pour rendre hommage à sa vertu et à l'énergie de son caractère, la nommait : « Notre frère Jacopa. »

Il songe aux vertus de Jacopa, à son zèle pour l'ordre franciscain, aux attentions maternelles dont lui-même a été l'objet de sa part et, comme son cœur est bon, comme ses sentiments sont délicats, il se dit que Jacopa serait peinée s'il ne lui était donné de recevoir sa dernière bénédiction... et il l'invite à assister à sa mort.

Remarquons aussi l'extrême simplicité de notre saint, — simplicité d'un enfant : il se souvenait de Jacopa, il se rappelle qu'à Rome, sa sainte amie lui préparait parfois quelques mets plus délicats ; et, aujourd'hui que son pauvre estomac malade depuis des années ne peut supporter aucun aliment, le souvenir de ce mets lui est comme une nourriture. D'autres réclameraient une gorgée d'eau : avec la même ingénuité François demande « une de ces douceurs » qui l'ont réconforté à Rome. Mais voici qu'au moment où un Frère se dispose à partir pour Rome avec la missive on frappe à la porte. On ouvre et que voit-on ? Dame Jacopa en personne, Dame Jacopa qui, soit par une sorte de télépathie, soit par une inspiration du ciel, a été avertie de ce qui se passait à la Portioncule ; et elle arrive de Rome, en compagnie de son fils, — un sénateur, — et d'une nombreuse suite, et elle apporte toutes les choses que François demandait dans son message.

On devine la surprise des Frères. Ils s'informent auprès de François de la conduite à tenir.

— « Béni soit Dieu ! répond le malade... C'est lui qui nous envoie notre frère dame Jacopa. Faites-la entrer. La règle qui interdit aux femmes l'entrée du couvent n'est point faite pour elle ! »

Et Jacopa, introduite auprès de son Père, se jette à ses pieds et elle fond en larmes. Le lendemain, comme Jacopa parle de renvoyer à Rome une partie de sa suite, François l'en dissuade :

— « Ma fille, attendez encore quatre jours et, après que vous aurez rendu les derniers devoirs à mon pauvre frère le corps, vous pourrez regagner Rome avec toute votre suite. »

Sur la terre nue.

Le jour suivant, — jeudi 1ᵉʳ octobre, — François sentant le mal s'aggraver, voulut imiter le plus possible son divin Maître mort pour nous sur la croix. Au nom de la charité, il conjura ses frères de le retirer de sa pauvre couche et de le déposer sur la terre nue, couvert de son seul cilice. Les frères n'osèrent lui refuser ce qu'il demandait ; mais lorsqu'ils virent gisant sur le sol le corps si amaigri de ce fidèle époux de Dame Pauvreté, ils éclatèrent en sanglots.

Le Père Gardien eut alors une idée heureuse ; il alla prendre une misérable tunique, une corde plus pauvre encore, et, s'approchant du malade, lui dit :

« Je vous prête ces vêtements comme à un pauvre ; au nom de l'obéissance, je vous commande de les accepter et de vous en servir. »

Un rayon de joie toute céleste éclaira le visage du mourant, lorsqu'il entendit cet ordre qui lui rappelait la sainte pauvreté. Il obéit et il se laissa revêtir de la tunique.

La nuit du vendredi au samedi fut mauvaise. Au matin, il appela tous les frères auprès de lui, étendit sur eux sa main marquée du sanglant stigmate et les bénit dans toute l'effusion de son cœur. Sa pensée allait à l'Ordre tout entier.

— « Adieu, mes fils, adieu à tous ! je vous laisse dans la crainte du Seigneur : demeurez-y toujours. L'heure de l'épreuve et de la tribulation approche. Bienheureux ceux qui auront persévéré dans le bien commencé ! Quant à moi, je m'en vais au Seigneur après lequel je soupire et je vous recommande tous à sa grâce. »

Les Frères ne purent répondre que par des gémissements et des sanglots. Toutefois, pour satisfaire au vif désir du mourant, pour réconforter son esprit, Frère Ange et Frère Léon durent chanter, une fois encore, le cantique de Frère Soleil et de Sœur la Mort.

Vers le soir, le saint demanda que, par charité, on lui lût dans l'évangile de saint Jean, le passage où le disciple bien-aimé raconte la suprême preuve d'amour que Jésus donna à ses apôtres en instituant la sainte eucharistie. Lorsque le Frère eut achevé la lecture, François, en mémoire de ce divin mystère et pour donner un symbole de l'union fraternelle qui devait régner entre ses religieux, se fit apporter du pain, le bénit et voulut le rompre en morceaux : mais il n'en avait plus la force. Il fit partager le pain par un Frère, en donna un morceau à chacun et, une dernière fois, il bénit tous ses Frères.

Psaume final.

Épuisé de fatigue, il se laissa retomber sur le sol et, comme il voyait la mort s'avancer vers lui pour l'accueillir dans ses bras, il s'écria : « Sois la bienvenue, ma sœur la Mort »! Puis, dans un suprême effort, le doux ménestrel du Seigneur se mit à chanter d'une voix suppliante le psaume de David : *Voce mea ad Dominum deprecatus sum. Voce mea ad Dominum deprecatus sum!* « Avec ma voix, je crie vers Dieu, avec ma voix, j'implore le Seigneur. » Au dernier verset : « Tirez mon âme de prison, les justes sont dans l'attente de la récompense que vous me réservez », — les lèvres de François d'Assise se fermèrent pour toujours aux harmonies de cette terre pour s'ouvrir aux cantiques de l'éternité.

Ce fut alors que ses sœurs les hirondelles qui, en grand nombre s'étaient posées sur le toit de la cellule, « tourbillonnèrent joyeusement en l'air, comme pour rendre au bienheureux qui les avait si souvent conviées à chanter les louanges divines, un témoignage aussi éclatant qu'admirable ».

C'était le soir du 3 octobre 1226, une heure environ après le coucher du soleil dont les derniers rayons doraient encore le sommet du Subasio et embrasaient les lointains horizons.

Quelle mort plus belle, plus sereine, plus paisible, plus poétique, plus enviable que cette mort de François d'Assise?

Voilà pourquoi les fils du Père Séraphique ne l'appellent point du nom de « mort » : ils disent « le passage » du Poverello, afin de bien marquer que François n'a fait que passer d'une vie de souffrance, d'amour, de joie, à la vie de béatitude sans mélange.

Les funérailles (Bartolini).

En contemplant cette scène, il nous semble voir et entendre, autour de la dépouille de François, les anges qui chantent : *Beati justi qui in Domino moriuntur.* « Bienheureux les justes qui meurent dans le Seigneur! » Puisse notre mort ressembler à ce « passage »! Il nous suffit de le vouloir, puisque, en réalité, c'est nous-mêmes qui, chaque jour, préparons notre mort.

Transfiguration.

Les Frères qui entouraient les restes mortels de notre saint, comprenant la perte irréparable qu'ils venaient de faire, pleuraient et gémissaient; mais en même temps, consolés par l'émouvante scène à laquelle ils avaient eu le bonheur d'assister, ils se pressaient autour de leur Père pour contempler les sacrés stigmates et surtout la plaie du côté que François avait soigneusement cachée à tous les regards. Ils ne pouvaient se rassasier de baiser ces miraculeux témoignages de l'amour du Seigneur. Les têtes des clous, écrivent les biographes, semblaient des losanges de marbre noir incrusté sur un pavé de marbre blanc, et la blessure du côté, entr'ouvrant ses lèvres vermeilles de sang sur la blancheur de la peau, ressemblait à une belle rose qui vient de s'épanouir.

Sous les yeux des assistants, pieusement recueillis devant la dépouille mortelle du saint, un prodige s'opéra. La chair de François, qui était plutôt brune, parut soudain du blanc mat le plus beau; ses membres, raidis par la mort, retrouvèrent leur première flexibilité. Le miracle était évident, et les religieux durent reconnaître, dans ce prodige, la preuve la plus claire de la béatitude dont jouissait l'âme de leur Père. Et aux larmes, aux gémissements, succédèrent des chants d'allégresse!

On avait sous les yeux non plus le cadavre d'un religieux, mais les reliques d'un saint. Et les Frères passèrent la nuit entière dans la pauvre cellule, priant et chantant des hymnes de reconnaissance. Ils lavèrent le corps dont ils croisèrent les bras sur la poitrine, comme François avait coutume de le faire lorsqu'il priait. Et « le saint apparut à tous plus consacré encore, plus marqué du sceau de Dieu qu'ils ne se l'étaient figuré ».

« Tel était Jésus-Christ », s'écriaient-ils. Cette image s'était si bien gravée dans leur esprit que, vingt ans plus tard, Frère Léon, voulant exprimer à Frère Salimbene ce qu'ils avaient tous ressenti disait encore : « C'était exactement Jésus-Christ descendu de la croix[1]. »

1. L. Le Monnier, *Histoire de saint François d'Assise*, chap. xviii.

XVI

DANS LA GLOIRE

La mort du saint fut bientôt connue à Assise et aux environs; et, dès ce moment, commença pour François cette ascension dans la gloire même terrestre qui n'a cessé de se prolonger par la vénération qui l'entoure.

On baise les stigmates.

De très grand matin, par les chemins qui conduisent à Sainte-Marie-des-Anges, les pèlerins accoururent en foule à la Portioncule; ils voulaient voir le saint une dernière fois et baiser pieusement les stigmates qu'il avait si soigneusement cachés. Mais maintenant, il était là, exposé à la vénération de tous et chacun pouvait librement contenter sa dévotion.

Plus François, durant sa vie, s'était humillié, — remarque saint Bonaventure, — plus le Seigneur se plaisait à le glorifier après sa mort. Son âme avait franchi le seuil du paradis et elle s'enivrait des splendeurs de la gloire; mais, en se séparant de son corps, elle lui avait laissé un gage certain de ses destinées futures.

Dans la foule qui se prosternait pour baiser les sacrés stigmates, il y avait un noble chevalier nommé Gerolomo qui, à l'exemple de l'incrédule saint Thomas, refusait de croire au prodige. Non content de regarder et de regarder encore les stigmates, il voulut les toucher de ses propres mains : il palpa les pieds, les mains, le côté du corps saint, fit mouvoir les clous dans les plaies. Vaincu enfin, et cédant à l'évidence, il devint un témoin zélé, publia partout la merveille et, plus tard, en déposa avec serment sur l'évangile.

On prépara aussitôt les funérailles, la coutume de l'époque voulant qu'on ne tardât point à confier à la terre le corps des défunts; et, d'autre part, les citoyens d'Assise craignaient — le fait n'était point rare au moyen âge,

Les funérailles : devant Saint-Damien (Giotto).

140

— que les habitants de quelque autre ville ne vinssent leur dérober le
précieux trésor dont ils étaient si jaloux.

Les funérailles furent un triomphe. Bien que ce jour fût un dimanche,
la foule accourut des villes et des bourgades voisines avec des torches et
des cierges; d'autres portaient dans leurs mains des rameaux de chêne
ou d'olivier. Lorsque cette multitude défila en bon ordre par la route qui,
des bois de la Portioncule, conduit dans la direction du mont Subasio, on
aurait cru voir non point un cortège funèbre, mais une procession triom-
phale. Cet ensemble de verdure et de lumières, le son des cloches, le chant
des prêtres, les accents des trompettes, tout concourait à faire de ce spectacle une fête joyeuse.

Claire et ses Sœurs.

Obéissant à une délicate pensée, le cortège, au lieu de gagner directement la ville, se dirigea vers Saint-Damien pour permettre à Claire et
à ses Sœurs de voir, une fois encore, les traits de leur Père et de vénérer
les précieux stigmates. Le corps fut exposé contre la grille de la chapelle,
et on ouvrit la petite porte ou fenêtre par laquelle on donnait la sainte
Communion aux religieuses. Claire, alors malade, s'y fit transporter
par ses filles et elle eut ainsi la suprême consolation de contempler son
saint ami, son Père, son maître, et de tremper, dans le sang des plaies,
un linge qu'elle devait conserver comme son plus cher souvenir.

François, quittant Saint-Damien pour rentrer à la Portioncule, avait
dit à Claire qu'elle le reverrait : la prophétie se réalisait ainsi.

Tandis que ces saintes filles éclataient en lamentations, le cortège
reprit sa route et, à travers les rues d'Assise, décorées de tapisseries
et de guirlandes, se rendit directement à l'église de San Giorgio où
François devait avoir sa sépulture. « C'est bien là, écrit saint Bonaventure, c'est dans ce saint lieu où notre saint avait été initié à l'étude
des lettres chrétiennes, où il avait pour la première fois prêché la
pénitence et l'amour de Dieu, et si souvent prié avec la ferveur d'un
séraphin, c'est bien là qu'il devait reposer, du moins temporairement,
celui qui fut toujours le Chevalier de Dame Pauvreté. »

Ce même jour, Frère Élie, alors Supérieur de l'Ordre, annonça officiellement à tous les Frères la mort de leur saint Fondateur. Nous avons encore
cette lettre circulaire : on y retrouve l'accent d'une douleur profonde et
sincère, l'expression d'un affectueux respect pour l'ami, et d'une ardente
vénération pour le saint. Frère Élie raconte le miracle des stigmates,
et la merveilleuse transfiguration opérée dans le corps de François après

la mort ; et il termine en exhortant les Frères à prier pour le défunt, bien que la conviction de tous soit que le Bienheureux Père est allé prendre possession de la gloire du ciel.

Un gracieux prodige.

La gloire que Dieu avait préparée à François était la récompense de l'humilité et de la sainteté du Poverello.

Un jour que Frère Pacifique priait dans une chapelle avec le Père séraphique, il eut une vision. Il lui parut que le ciel s'ouvrait sur sa tête et il put contempler un spectacle magnifique.

Au milieu des splendeurs divines, il vit cinq trônes d'une beauté éclatante. Les trois trônes du milieu étaient occupés par les trois augustes Personnes de la Sainte Trinité ; le dernier, à droite, était réservé à Marie, la Vierge Immaculée qui se trouvait ainsi auprès de son divin Fils ; le dernier, à gauche, restait vide. Frère Pacifique, étonné, demanda à qui donc appartenait ce trône, et il entendit une voix angélique qui répondait : « A ton Père François. Ce trône était d'abord celui de Lucifer ; mais le chef des rebelles l'a perdu par son orgueil, tandis que François l'a mérité par son humilité ». — Et la vision disparut.

Que l'âme du Poverello fût en possession de la gloire céleste, que son crédit auprès du Très-Haut fût puissant, la preuve ne tarda pas à être donnée.

A peine sa tombe était-elle fermée, et déjà s'opéraient des miracles éclatants. Les biographes en ont rempli les dernières pages de leurs volumes et nous ne pouvons les énumérer ici. Du moins, nous en rapporterons quelques-uns qui intéresseront nos jeunes lecteurs en leur montrant comment, dans le ciel, François ne cesse d'avoir pour la jeunesse une prédilection marquée.

Il y avait à Assise un enfant pauvre, tellement paralysé des membres inférieurs qu'il ne pouvait ni marcher, ni s'asseoir. Ses parents l'avaient apporté, couché dans une voiture, devant la porte de l'église de San Giorgio, plutôt pour exciter la compassion des pèlerins et en recevoir quelque aumône, que pour d'autres motifs. Mais, sur sa demande, il fut introduit dans l'église et déposé près de la tombe du saint. A peine près de la pierre sépulcrale, — racontait-il plus tard, — un Frère qui, pauvrement vêtu, mais rayonnant de lumière et de joie et portant trois belles poires en ses mains, lui apparut, l'appela par son nom et lui tendant une poire lui dit : « Lève-toi ». L'enfant répondit : « Je ne puis pas me lever, parce que je suis perclus », et cependant il prit la poire et la mangea. La trouvant très bonne, il tendit la main pour en avoir une autre. Le doux Frère lui en donna en effet une seconde et il l'invita de nouveau à se lever. L'enfant ne se leva pas, parce qu'il n'en sentait point la force, mais il mangea la poire, et en demanda une troisième. L'aimable inconnu la lui donna ; mais, en la lui donnant, il le prit par la main et le conduisit sur ses pieds hors de l'église. Après quoi, il disparut. Les jambes de l'enfant l'avaient très bien porté, et, tout en savourant la troisième poire, plus exquise encore que les précédentes, il criait : « Je suis guéri ! je suis guéri ! » On s'assembla autour de lui ; il y eut une acclamation universelle, et tous louèrent le Seigneur qui glorifiait ainsi son serviteur François.

Telle était la confiance de tous en la puissante intercession du saint, que, dès les premiers jours, les miracles se multiplièrent auprès de son tombeau. Toutes les voix le proclamaient Bienheureux ; on célébrait ses vertus ; on rappelait sa charité, son humilité, sa pauvreté ; on réclamait pour lui l'honneur d'être mis sur les autels ; et ainsi, avant même que Rome eût prononcé, la voix du peuple, qui, cette fois, était bien la voix de Dieu, avait déjà canonisé le Poverello. Il ne restait qu'à ratifier ce jugement des fidèles : et le Saint-Siège ne tarda pas à le faire.

Le grand triomphe.

En l'année qui suivit la mort du saint, — exactement, six mois après son « passage », — Honorius III était mort. Le cardinal Hugolin, l'ami intime de François et le protecteur de son Ordre, fut élevé au souverain Pontificat sous le nom de Grégoire IX. Une révolution ayant éclaté à Rome, Grégoire IX dut se réfugier en Ombrie, d'abord à Rieti, puis à Pérouse. Il lui devenait ainsi plus facile de réaliser ses desseins et de procéder rapidement à la canonisation de celui qu'il avait tant aimé et qui lui avait prédit qu'il serait Pape.

La procédure nécessaire fut donc commencée, et le Souverain Pontife, sûr du triomphe de sa cause et voulant, d'ailleurs, qu'on ne le soupçonnât point de partialité en raison de son amitié pour le Poverello, confia l'examen des miracles et des vertus à une commission de cardinaux choisis parmi ceux qui passaient pour moins favorables à ses intentions. Le résultat fut tel qu'on l'attendait. Le Pape et sa Cour se transportèrent à Assise pour les fêtes de la Canonisation.

C'était le 26 juillet 1228. Une foule immense était accourue. Assis sur le trône pontifical, Grégoire IX prenant la parole résuma la vie de François et célébra ses vertus. Il avait choisi pour son texte un mot de l'Ecclésiastique : « *Quasi stella matutina in medio nebulœ, et quasi luna in diebus suis plena, et quasi sol refulgens sic ille refulsit in templo Dei* ». Ensuite, l'un des cardinaux lut à haute voix la relation exacte des miracles examinés. Un autre cardinal montra dans un discours que tous ces miracles étaient une manifestation de la sainteté de François et conclut en disant qu'il n'y avait qu'à canoniser sur la terre celui que Dieu avait déjà canonisé dans le ciel. Enfin, le Pape se leva et proclama solennellement cette canonisation, fixant pour la fête du saint, le 4 octobre, jour de la mort du Poverello. Le *Te Deum* fut chanté. Le Pape se rendit au tombeau du saint, s'agenouilla pour prier et remonta à l'autel afin de célébrer la messe pontificale.

Sur la colline du Paradis.

Le triomphe devait se poursuivre encore. D'après la tradition, François, se regardant comme le plus grand des pécheurs, avait ordonné qu'après sa mort son « frère âne » (son corps) serait enterré sur la colline de l'Enfer qui s'élève à l'ouest de la ville et qu'on nommait ainsi parce qu'on y ensevelissait les cadavres des suppliciés. Il fallait donc respecter le désir du saint; mais à dater de ce jour, sur la volonté du peuple et par décision de l'autorité, la colline changea de nom et devint la colline du Paradis.

Et c'est bien le nom qu'elle mérite, cette magnifique colline, si chère sous tous les rapports à toutes les âmes franciscaines, non seulement parce qu'elle abrite le tombeau du saint, mais encore parce que, pour glorifier cette tombe, on y a élevé cette triple basilique qui est, sans conteste, un des plus splendides monuments de l'art chrétien, un chef-d'œuvre inspiré par la foi.

La colline du Paradis n'était, auparavant, qu'un amas de rocs plus ou moins irrégulièrement groupés. Il fallut creuser, niveler, apporter des matériaux, disposer les assises qui supporteraient la basilique. Il fallut trouver des ouvriers, des artistes, réunir les fonds nécessaires pour mener à bien cette œuvre gigantesque. Le pape lui-même avait confié l'entreprise aux soins de frère Élie et, assurément, il l'assistait de tout son pouvoir; mais les temps étaient difficiles pour l'Église à cause de la révolte de Frédéric II. Et, cependant, qui le croirait? Deux ans s'étaient à peine écoulés, et le temple se dressait comme par enchantement. Un auteur

Glorification de Saint François (Giotto).

moderne le dit avec raison : « Chaque pierre de cette basilique merveilleuse représente un prodige; c'est un édifice qui chante une véritable épopée; c'est un de ces incomparables monuments qui attestent la vertu de la piété et la puissance du génie à une époque que l'on se plaît à méconnaître et à calomnier. Un pape exilé, un Ordre sans ressources et fondé sur la pauvreté absolue, une ville sans cesse pressurée par le passage de soldats mercenaires, un peuple en proie aux persécutions du schisme, tels furent, dans une œuvre si grande, les trésoriers du Poverello ! » (De Cherancé).

Gloire nouvelle.

Le printemps de 1230 fut témoin d'une seconde apothéose. Le corps de François était transféré de l'église San Giorgio en la nouvelle basilique. La cérémonie était présidée par les légats du pape. Il serait trop long de la décrire. Disons simplement avec Thomas de Celano, que la petite ville d'Assise, habituée cependant, au moyen âge, aux pompes des fêtes religieuses, n'avait jamais vu rien de semblable, d'aussi grandiose, d'aussi magnifique, d'aussi solennel !

Un seul incident troubla la tranquillité de la fête. La procession était à peine arrivée en excellent ordre à la porte du nouveau temple, quand certains habitants d'Assise, craignant qu'on ne tentât de dérober à leur ville les saintes reliques, se jetèrent sur le char, s'emparèrent du cercueil, le transportèrent dans l'église, en fermèrent violemment les portes et cachèrent le précieux dépôt dans un sépulcre creusé à même le roc et sur lequel ils gardèrent le plus profond secret.

En raison des désordres provoqués par ce pénible incident, les souverains pontifes défendirent qu'on cherchât où reposait le corps de François; et, de fait, ce corps demeura caché jusqu'au commencement du siècle dernier, alors que Pie VII permit aux Supérieurs de l'Ordre de pratiquer des fouilles. On découvrit alors les reliques dans un sarcophage de pierre brute, le corps était parfaitement conservé. Les constatations furent faites régulièrement; on referma le sépulcre qui fut scellé; et le lieu qui avait servi de cachette a été transformé en une chapelle où les fidèles viennent maintenant prier sur la tombe du saint.

Toujours avec nous.

Mais la meilleure glorification du saint, le triomphe le plus beau de sa sainteté, c'est le fidèle souvenir qui demeure gravé dans toutes les âmes, c'est le tribut d'hommage, d'affection, de dévotion que tous se plaisent à rendre à François poète, apôtre, saint!

Qui donc ne connaît François d'Assise, le doux frère ombrien qui conversait avec les oiseaux, accueillait les brigands, apprivoisait frère loup, chantait des hymnes d'allégresse? Qui donc ignore que François a été le mystique poète de la nature, le chantre de la fraternité universelle? Qui donc ne vénère en lui un autre Christ, le thaumaturge d'Assise, le stigmatisé de l'Alverne?

Pourquoi tant d'amour? pourquoi la confiance va-t-elle à lui comme elle va à un bienfaiteur, à un saint qui vivrait encore parmi nous? « Oui, pourquoi? » Parce que, en réalité, François a voulu le bien de tous, parce qu'il a été l'ami de tous; parce qu'il a su compatir à toutes les misères, à l'exemple de son divin Maître dont il a si parfaitement imité les plus simples et les plus belles vertus.

Oh! si nous pouvions, si nous savions vivre un peu de son esprit, suivre ses exemples, reproduire son idéal!

Et vous, surtout, mes chers et jeunes lecteurs, si vous parveniez à former en vous une âme franciscaine, un caractère foncièrement chrétien, un cœur séraphique! comme vous vous assureriez la joie de l'âme, comme vous donneriez à vos familles la consolation qui leur est due, à la religion le témoignage de vos vertus, à votre patrie le dévouement sans réserve!

Ne comprenez-vous pas, ne sentez-vous pas qu'aujourd'hui, plus que jamais, il faut revenir au franciscanisme? Nous entendons par là que c'est François d'Assise qui doit nous ramener à Jésus-Christ. C'est l'apôtre de l'Ombrie qui nous redira les leçons du Maître; c'est le crucifié de l'Alverne qui nous aidera à nous conformer aux exemples du crucifié du Calvaire.

François, vous seul, si pauvre, si humble, si pur, si bon pour vos frères, si aimable et généreux pour tous, si puissant sur le cœur de Dieu, vous pouvez répandre en nos âmes l'esprit de foi, d'espérance et de charité. Vous pouvez nous inspirer le sentiment profond du mépris pour les faux biens de la vie, pour les menteuses satisfactions des sens, pour les vanités du monde.

Apprenez-nous à vivre dans l'humilité, dans l'obéissance, dans le respect dû à nos parents, à nos supérieurs, à nos maîtres. Faites-nous aimer ce noble idéal de l'apostolat dans le bien, dans la pleine lumière de la justice et de la charité.

Faites de nous, malgré notre jeunesse, des apôtres par la bonté et par l'amour!

FIN

Le premier portrait de Saint François (vers 1218).
(Subiaco-Sacro Speço.)

TABLE DES MATIERES

TYPOGRAPHIE FIRMIN-DIDOT ET Cᶦᵉ. — MESNIL (EURE). — 1926.